레오나르도 다 빈치는 르네상스 시대
최고의 화가이자 이상적인 천재였어요.
레오나르도 다 빈치는 그림뿐만 아니라 비행기를
만들겠다는 열정을 가진 과학자이기도 했고, 운하 사업의
설계 감독을 지내기도 했으며, 한 나라의 군사 고문을
지내기도 했지요. 우리에게 잘 알려진 그림으로
〈모나리자〉, 〈최후의 만찬〉 등이 있습니다.

추천 감수 김완기
- 한국아동문학회 중앙위원장, 한국아동문학연구회 수석부회장,
  국제펜·한국문인협회·한국저작권협회 회원.
- 초등학교 국어 교과서 집필·심의위원, 서울서래초등학교 교장 역임.
- 서울신문 신춘문예 동시 당선.
- 한국아동문학작가상, 한정동아동문학상, 대한민국동요대상 등 수상.
- 동화집 《내 배꼽이 더 크단 말야》 등 여러 권,
  동시집 《엄마, 이게 행복인가 봐!》,
  이야기책 《마음이 따뜻한 101가지 이야기》 등 다수의 어린이 책을 썼습니다.

추천 감수 이창수
- 한국문인협회 아동문학분과 회장, 한국아동문예작가회 명예회장,
  한국아동문학회 부회장, 국제펜 회원.
- 어린이 전문 출판사의 편집장, 주간 등 역임.
- 한국아동문예작품상, 한국아동문예상, 한국아동문학작가상, 김영일아동문학상 수상.
- 《파란 꿈을 먹은 아이들》, 《따뜻한 남쪽 나라》, 《공포의 진주 동굴》, 《우주 여행》, 《구조대원 곰돌이》,
  《화성인과 아기 도깨비》, 《백두산에서 감나무골까지》, 《바닷속 동굴에서 만난 사람》, 《정수가 위험해》 등
  200여 권의 어린이 책을 썼습니다.

추천 감수 송명호
- 한국아동문학회 회장, 한국문인협회 상임이사,
  국제펜클럽 한국본부 이사.
- 제1회 문화공보부 5월 예술상, 제1회 소년한국 문학상,
  소천아동문학상, 한국문학상, 대한민국문학상, 국제펜문학상 수상.
- 동시집 《다섯 계절의 노래》, 동화집 《명견들의 행진》,
  영화 시나리오 《소만 국경》, 방송극 《개벽》,
  장편 아동 소설집 《전쟁과 소년》(전5권), 《똥딴지 독도 탐방대》,
  동극집 《어린이 살롱 드라마》와 《한국·세계 위인 전기》(전집) 등을 썼습니다.

추천 감수 이상현
- 한국문인협회 이사, 국제펜클럽 한국본부 감사, 한국아동문학회 수석부회장.
- 조선일보 기자, 서울 교통방송 편성국장, 숙명여대 및 인하대 강사 역임.
- 1962년 경향신문 신춘문예 동시 당선.
- 1979년 《현대 시학》 시 추천 완료.
- 한국문학상, 국제펜문학상, 세종아동문학상, 소천아동문학상, 김영일아동문학상, 한국동시문학상 등 수상.
- 동시집 《햇빛마을 가는 길》, 동화집 《짝꿍》 등 다수의 어린이 책을 썼습니다.

글 신충행
- 한국일보 신춘문예에 동화 당선.
- 경남아동문학상, 계몽아동문학상, 한국동화문학상, 남명특별문학상 수상.
- 경남 산청, 진주, 통영, 삼천포 등의 학교를 거쳐 서울 알로이시오, 신사, 창동 초등학교 교사 역임.
- (재)사랑의 일기 지도교사 전국협의회장, 한국문인협회, 한국아동문학인협회, 계몽아동문학 회원.
- 현재 서울 이문초등학교 교사.
- 장·단편 동화집 《향기 나는 친구》 등 40여 권.
- 위인전 《백범 일지》, 《허균》 등 다수의 어린이 책을 썼습니다.

그림 임운규
- 서울대학교 미대 서양화과와 동 대학원 졸업.
- 개인전 1회, 국제 영상 비엔날레 등 그룹전 다수 개최.
- 《악기》, 《호랑이》, 《마르코 폴로》, 《베토벤》, 《차스키와 테라스》, 《오래 사랑받아 온 개 이야기》,
  《개구리 왕자》 등의 어린이 책에 그림을 그렸습니다.

■ 《교과서 큰 인물 이야기》는 한국아동문학회 회원 550여 분의 문인 선생님들께서 '어린이들에게 바람직한 인성과 가치관을 길러 주며, 쉽고 친절한 문장과 알찬 지식으로 어린이들의 독서 활동에 유익한 도움을 주는 책'으로 추천해 주셔서 한국아동문학회 출판문화대상을 수상했습니다.

교과서 큰 인물 이야기 31 레오나르도 다 빈치

펴낸이 박연환 | 펴낸곳 (주)한국헤르만헤세 | 출판등록 제17-354호. | 본사 경기도 성남시 분당구 금곡동 444-148 한국헤르만헤세 빌딩 | 대표전화 (031)715-7722 | 팩스 (031)786-1100 | 고객문의 080-715-7722 | 편집 책임 김원선 | 디자인 장선희, 김영주, 전선아 | 교정 양은하, 이효선 | 교정 진행 김진형, 정현희, 김승현, 허영란 | 이미지 제공 연합포토, 엔싸이버 포토렌탈, 이미지클릭, 국립중앙박물관 | ⓒ Korea Hermannhesse | 이 책의 저작권은 (주)한국헤르만헤세가 소유하고 있으므로 본사의 동의나 허락 없이 내용이나 그림을 어떠한 방법으로도 사용할 수 없습니다.

주의 본 교재를 던지거나 떨어뜨리지 않도록 주의하십시오. 다칠 우려가 있습니다. 고온 다습한 장소나 직사광선이 닿는 장소에는 보관을 피해 주십시오.

교과서 큰 인물 이야기 31 | 예술과 창조

레오나르도 다 빈치
Leonardo da Vinci

글 신충행 | 그림 임운규

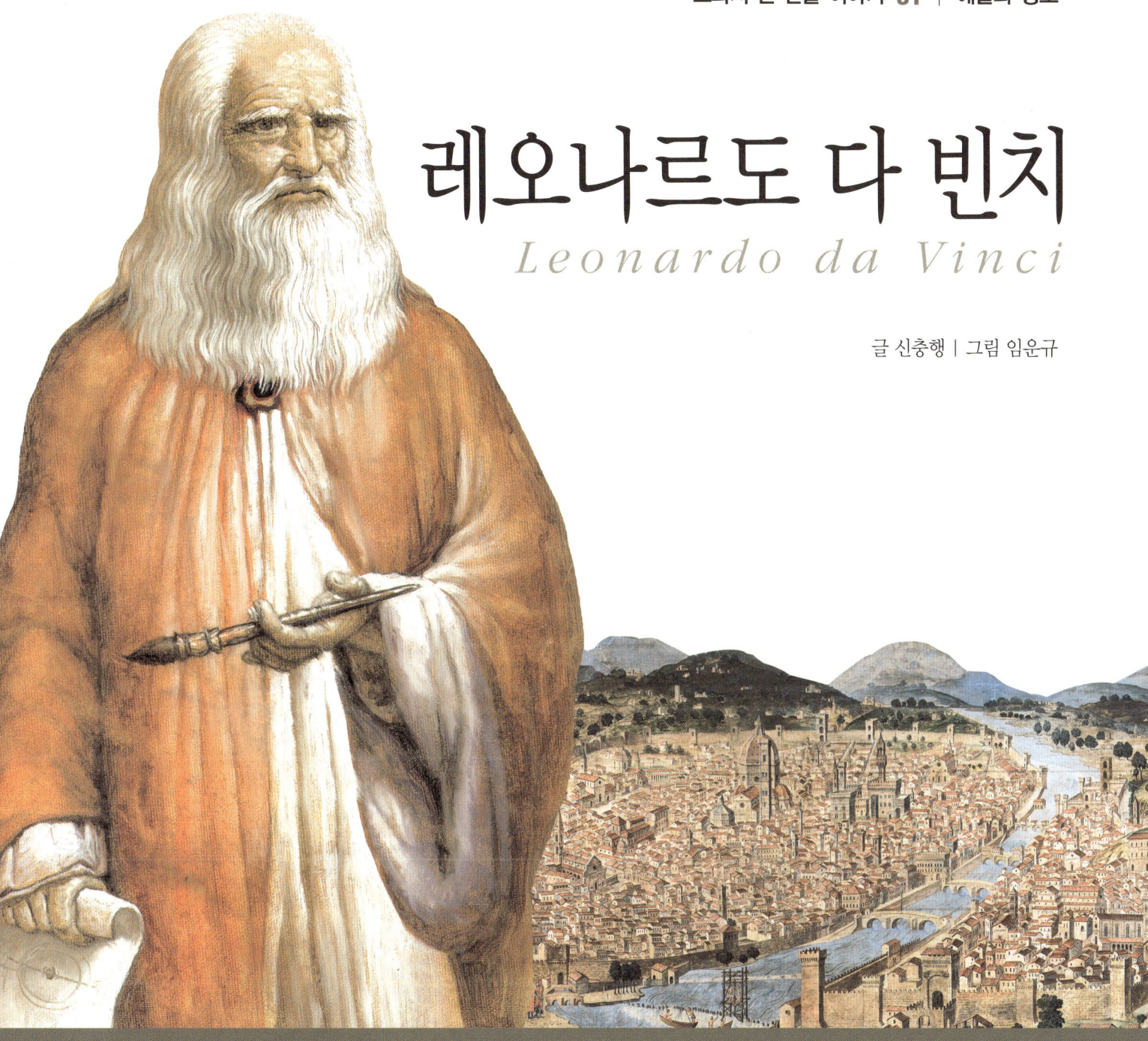

한국헤르만헤세

책 머 리 에

르네상스 시대 최고의 화가이자 천재 과학자

　레오나르도 다 빈치는 이탈리아가 낳은 르네상스 시대 최고의 화가이며 과학자였습니다. 그의 생애를 한마디로 요약하면 일생을 통하여 오직 예술을 위해 영혼을 불태운 불멸의 예술가라고 할 수 있지요.

　그는 완벽한 예술을 추구했습니다. 〈최후의 만찬〉, 〈모나 리자〉, 〈수태고지〉, 〈삼왕 내조〉, 〈성 제롤라〉 등 레오나르도 다 빈치의 뛰어난 작품들은 수백 년의 세월을 뛰어넘어 오늘날까지 세계 미술계에 불후의 명작으로 손꼽히고 있습니다.

　프랑스 루브르 박물관을 찾는 많은 사람들에게 그 신비한 미소를 전해 주는 〈모나 리자〉는 그 중에서도 최고의 걸작으로 꼽히고 있습니다.

　그러나 예술혼을 불사르며 불후의 명작을 남기고 누구보다도 정열적으로 살았던 대예술가이면서 과학자였던 레오나르도의 삶은 결코 순탄하지만은 않았어요. 백발이 성성한 노장이 단 한 명의 제자와 더불어 사랑하는 조국을 뒤로하고 알프스를 넘어 프랑스로 떠나는 모습은 너무나 비장하지요.

　미켈란젤로, 라파엘로와 더불어 이탈리아 르네상스의 거장이었던 레오나르도 다 빈치. 그는 타국의 황실에서 쓸쓸한 생애를 마쳤으나, 오늘날까지 예술을 사랑하고 그림을 좋아하는 세계의 모든 사람들에게 추앙을 받고 있습니다.

글쓴이　신 충 행

교과서 큰 인물 이야기 31

레오나르도 다 빈치

8	어린 화가
24	신부의 초상화
35	〈최후의 만찬〉
53	슬픈 다 빈치
68	조국을 떠나는 늙은 예술가
74	지혜는 경험의 시녀
84	한눈에 보는 다 빈치의 생애
88	레오나르도 다 빈치처럼 생각하기

어린 화가

옛날이나 지금이나 이탈리아에는 아름다운 도시들이 무척 많답니다. 꽃의 도시로 불리는 피렌체도 그 중의 한 곳이지요.

피렌체의 북쪽 그리 멀지 않은 곳에 빈치라고 하는 작은 마을이 있었어요. 빈치는 경치가 아름답기로 유명한 마을이었어요.

그 마을의 언덕 위에는 성당이 하나 있었답니다. 그리 크지는 않았지만 숲 속에 자리 잡고 있어서 무척 아늑하고 평화스러워 보이는 성당이었어요.

▶ 피렌체의 아르노 강과 베키오 다리.
이탈리아 중부에 있는 도시 피렌체는 15세기 르네상스 중심지로 유적이 많이 남아 있어요. 모직·견직물과 공예품이 유명해요.

그 성당 앞에 한 부인이 어린 아들의 손을 잡고 나타났어요. 그녀의 이름은 카테리나로, 옷차림은 수수했지만 매우 아름다운 얼굴을 가지고 있었어요.

그녀는 안으로 들어가지 않고 성당 앞에서 서성거렸어요. 카테리나 부인은 지금 누군가를 기다리고 있는 게 틀림없었어요.

시간이 얼마나 지났을까요? 성당에서 한 신부가 나왔어요.

"웬일이십니까? 카테리나 부인."

신부는 카테리나 부인에게 다가오며 얼굴 가득 다정스런 미소를 띠었답니다.

"치오리 신부님, 우리 레오나르도 문제로 상의 드릴 일이 좀 있어서 찾아왔습니다."

치오리 신부는 카테리나 부인 옆에 조용히 서 있는 그녀의 아들을 유심히 보았어요.

"무슨 일인지 말씀해 보십시오, 카테리나 부인."

카테리나는 아버지 없이 어린 아들을 키우며 어렵게 살고 있었어요. 치오리 신부는 그런 카테리나의 사정을 너무나 잘 알고 있었지요. 그리고 그녀의 아들이 착하고 수줍음이 많은 아이라는 것도 잘 알고 있었답니다. 치오리 신부는 그들을 위해서라면 무엇이든지 돕고 싶다는 생각을 하고 있었어요.

"신부님, 대단히 염치 없는* 부탁이지만 우리 레오나르도에게 종

*염치 없다
체면을 차릴 줄 알거나 부끄러워하는 마음이 없다.

이와 연필을 좀 주실 수 없을까요? 이 아이는 그림 그리기를 아주 좋아하는데, 제가 가난해서 종이와 연필을 구해 주지 못하니까 아이는 매일 나무 꼬챙이로만 땅바닥에 그림을 그린답니다."

카테리나는 머뭇거리며 입을 열었어요.

"그래요? 레오나르도가 그림을 잘 그린다는 이야기는 저도 듣고 있었지요. 종이와 연필 정도는 얼마든지 구해 드리겠습니다."

치오리 신부는 카테리나 부인의 부탁을 기꺼이 들어주겠다고 말했어요. 그리고 성당 안에서 많은 종이와 연필을 가지고 나와 레오나르도에게 안겨 주었습니다.

▲피렌체의 명물인 조토의 종루.

레오나르도는 좋아서 어쩔 줄 몰랐어요.

"고맙습니다. 정말 고맙습니다, 신부님."

레오나르도는 고맙다는 말을 몇 번이나 되풀이했어요. 종이와 연필은 레오나르도에게는 더없이 고마운 선물이었거든요.

그날부터 레오나르도는 시간 가는 줄도 모르고 그림만 그렸답니다. 멀리 바라보이는 성당도 그리고, 강가에 늘어선 나무도 그렸어요. 풀잎 위를 기어 다니는 곤충도 그렸고, 일하고 있는 어머니의 모습도 그렸어요.

레오나르도의 연필이 지나간 종이 위에는 마술 같은 일이 벌어졌답니다. 그림 속의 나무에서는 나뭇잎이 피어났고, 꽃송이가 부풀었으며, 새들이 힘차게 날갯짓을 하고 있었어요. 또 행주치마를 입고 설거지하는 어머니를 그린 그림은 마치 살아 있는 사람처럼 생생했고, 그림 속의 농부들의 얼굴은 땀을 줄줄 흘리고 있는 것만 같았답니다.

그러던 어느 날이었어요. 치오리 신부가 레오나르도의 집으로 찾아왔어요.

'어머니가 또 슬퍼하시겠구나.'

레오나르도는 치오리 신부를 좋아했어요. 하지만 집으로 어머니

11

를 찾아오는 것은 달갑지 않았어요. 치오리 신부가 집에 다녀간 날이면 어머니는 언제나 슬픈 표정을 지었기 때문이었지요. 그런 일은 벌써 여러 번 있었어요.

"신부님께서 누추한 저의 집엔 웬일이십니까?"

카테리나 부인은 그렇게 물어 보긴 했지만 치오리 신부가 찾아온 이유를 이미 알고 있었어요. 그러고는 여느 때와 마찬가지로 레오나르도에게 잠깐 밖에서 놀다 오라고 했어요. 레오나르도는 직접 만든 화판에 종이를 끼우고 밖으로 나갔어요.

그리고 밖에 나가 숲의 풍경을 스케치*하면서 신부가 돌아가기를 기다렸어요.

치오리 신부는 레오나르도가 나가자 조용히 입을 열었어요.

"안토니오 영감님이 또 찾아오셨습니다. 그러면서 저에게 또 같은 부탁을 하셨답니다. 저는 그 분이 하신 말씀을 다시 한 번 전해 드리려고 왔고요."

"또 그 어른 이야기이신가요?"

*스케치
그 자리에서 느낀 대체적인 인상을 간단하게 그림으로 그리는 것.

▲1490년의 피렌체 시내.

안토니오란 이름이 나오자 카테리나의 얼굴은 하얗게 질렸어요.

마을의 큰 부자인 안토니오 영감님은 바로 레오나르도의 친할아버지였어요. 그는 그림에 재주가 있는 레오나르도를 데려가고 싶어 했어요.

"그건 절대로 안 됩니다. 저는 여태 오직 레오나르도 하나만을 바라보며 살아 왔어요."

"부인의 심정은 잘 알고 있지요. 그러나 무엇보다도 아들의 장래를 생각하셔야죠. 안토니오 영감님에겐 대를 이을 손자가 없어요. 그 집은 이름난 가문인데다 재산도 많아요. 레오나르도가 그 집에 들어가기만 하면 무슨 걱정이 있겠습니까? 또, 거기 가서 자란다고 레오나르도가 어머니를 잊어 버리겠습니까? 부인의 품에서 자라든 할아버지 댁에 가서 살든 아들은 아들이랍니다."

치오리 신부는 레오나르도를 할아버지 댁으로 보내는 게 좋을 것 같다고 설득했어요.

"안 됩니다, 신부님. 절대로 그렇게 할 수 없어요. 저는 보낼 수 없습니다."

그러나 카테리나는 강하게 딱 잘라 말했어요.

"영감님은 레오나르도가 그린 그림을 보고 신동*이라고 크게 감탄하셨습니다. 거기에서는 아무 걱정 없이 그림 공부를 제대로 시킬 수 있지 않겠습니까? 제 생각엔 아무래도 레오나르도를 안토니오 영감 댁으로 보내는 것이 레오나르도를 진실로 사랑하고 위하는 길이 될 것 같습니다. 레오나르도와 헤어지는 것이 섭섭하더라도 아들의 장래를 위해서는 참으셔야 합니다, 부인."

치오리 신부의 말에 카테리나는 고개를 숙이고 한동안 말이 없었어요. '아들의 장래' 라는 말을 들으니 더 이상 할 말이 없었던 거예요. 레오나르도의 그림 공부를 뒷바라지하기에는 카테리나 부인은 너무 가난했어요.

마침내 카테리나는 어려운 결심을 했습니다. 그리고 조용히 말했어요.

"알겠습니다. 신부님의 말씀을 하느님의 뜻으로 받아들이고 레오나르도를 보내겠습니다."

카테리나 부인의 눈에서 눈물이 주르륵 흘러내렸어요. 치오리 신부는 카테리나의 어깨에 가만히 손을 얹고 카테리나 부인과 레오나르도를 위해 기도를 올려 주었어요.

카테리나 부인은 스무 살 무렵에 피에르라는 청년을 사랑했어요. 그는 바로 안토니오 영감님의 외아들이었답니다.

카테리나 부인은 결혼을 하기 전에 아들 레오나르도를 낳았어요. 그러나 안토니오 영감은 신분이 천하고 가난한 그녀가 마음에 들지 않았어요.

안토니오 영감은 카테리나 부인이 손자를 낳은 후에도 그녀를 며느리로 인정하지 않고, 피에르를 부잣집 딸과 강제로 결혼시켜 멀리 보내 버렸답니다. 카테리나 부인은 하는 수 없이 혼자서 아이를 길렀지요. 그 아이가 바로 레오나르도였어요.

치오리 신부가 돌아간 후에 부인은 레오나르도를 불렀어요.

*신동
여러 가지 재주와 지혜가 남달리 뛰어난 아이를 말해요.

"레오나르도, 이제 엄마와 헤어질 때가 되었구나. 엄마는 평생 너랑 살고 싶지만 그건 네 앞길을 막는 일이란다. 그러니 이제부터 너는 할아버지 댁으로 가거라. 신부님도 그렇게 하는 것이 좋겠다고 말씀하셨단다."

"네? 무슨 말씀이세요?"

레오나르도는 깜짝 놀랐어요.

"안타깝지만 엄마는 네가 좋아하는 그림 공부를 마음껏 하도록 뒷받침해 줄 능력이 없단다. 그런데 할아버지께서 네가 미술 공부를 할 수 있도록 끝까지 밀어주겠다고 약속하셨다는구나. 레오나르도, 우리가 비록 떨어져 살더라도, 넌 영원한 이 엄마의 아들이고 난 언제나 너의 엄마란 것을 잊지 말거라. 엄마는 네가 이탈리아 최고의 화가로 성공하리란 걸 믿어. 부디 그렇게 되도록 늘 하느님께 기도할게."

"엄마, 그래도 전 싫어요. 엄마를 싫어하는 할아버지도 밉고 엄마를 버린 아버지도 싫어요. 사랑하는 여자를 버리고 다른 사람과 결혼한 아버지는 필요 없어요. 그런 의리 없는 사람을 아버지로 섬기며 살기는 싫어요."

레오나르도는 마치 어른처럼 말했어요.

"레오나르도, 너는 엄마와 헤어지는 것이 아니라 그림 공부를 위해 잠깐 엄마 곁을 떠나 있는 거란다. 많은 사람들이 공부를 위해 가족 곁을 떠나 먼 도시의 학교로 가지 않니? 우리 레오나르도도 지금부터 미술을 공부하러 가는 거야. 엄만 내 아들이 훌륭한 화가로 성공한 모습을 보고 싶구나. 네가 화가가 되어 성당이나 궁전의 벽화를 그리는 모습을 상상하니 엄마는 벌써부터 가슴이 두근거리는구나."

카테리나 부인은 차근차근 어린 아들을 설득했어요.

"알았어요. 엄마, 그럼 제가 성공해서 돌아 올 때까지 보고 싶어

▲ 레오나르도 다 빈치가 태어난 이탈리아 토스카나 지방의 조그만 마을 빈치.

도 꾹 참고 기다리세요. 저는 결코 아버지처럼 엄마를 버리지는 않을 거예요. 그렇지만 엄마를 진정으로 사랑하는 남자가 나타나면 결혼하셔도 돼요."

레오나르도는 아이답지 않게 의젓한 태도로 말했어요.

"레오나르도, 엄마의 첫사랑은 아빠였고, 아빠와 헤어진 후 사랑하는 남자는 우리 레오나르도 말고는 없단다."

카테리나 부인은 미소를 지으며 레오나르도를 사랑스럽다는 듯 품 안에 꼭 안아 주었어요.

"그건 저도 알지만 만약 사랑하는 분이 생기면 말예요……."

레오나르도는 어머니의 볼에 입을 맞추며 말했어요.

"레오나르도, 그런 걱정은 말아라."

카테리나는 레오나르도의 엉덩이를 토닥토닥 두드려 주었어요.

다음 날 아침, 안토니오 영감 집의 하인이 레오나르도를 데리러

▲ 피렌체 성당 내부.

왔어요. 레오나르도는 집을 떠나면서 눈물을 흘리지는 않았답니다. 어머니가 슬퍼하는 모습을 보고 싶지 않았기 때문이에요.

　레오나르도는 마침내 할아버지 댁에 도착했어요. 할아버지 안토니오 영감은 대문 밖에 나와 서성이며 레오나르도를 기다리고 있었어요.

"잘 왔다, 레오나르도. 이젠 여기가 너의 집이야. 그리고 내가 할아버지란다. 이 할아버지가 너를 얼마나 보고 싶어했는지 아니? 어디, 한번 할아버지 하고 불러 보아라."

"할아버지, 안녕하세요?"

레오나르도는 또렷하게 인사를 했답니다.

"오냐, 오냐. 사랑하는 내 손자야. 아주 똑똑하게 자라 주었구나. 레오나르도, 이제부터는 이 집의 도련님으로서 당당하게 행동해야 한다. 알겠니?"

"잘 알겠습니다, 할아버지."

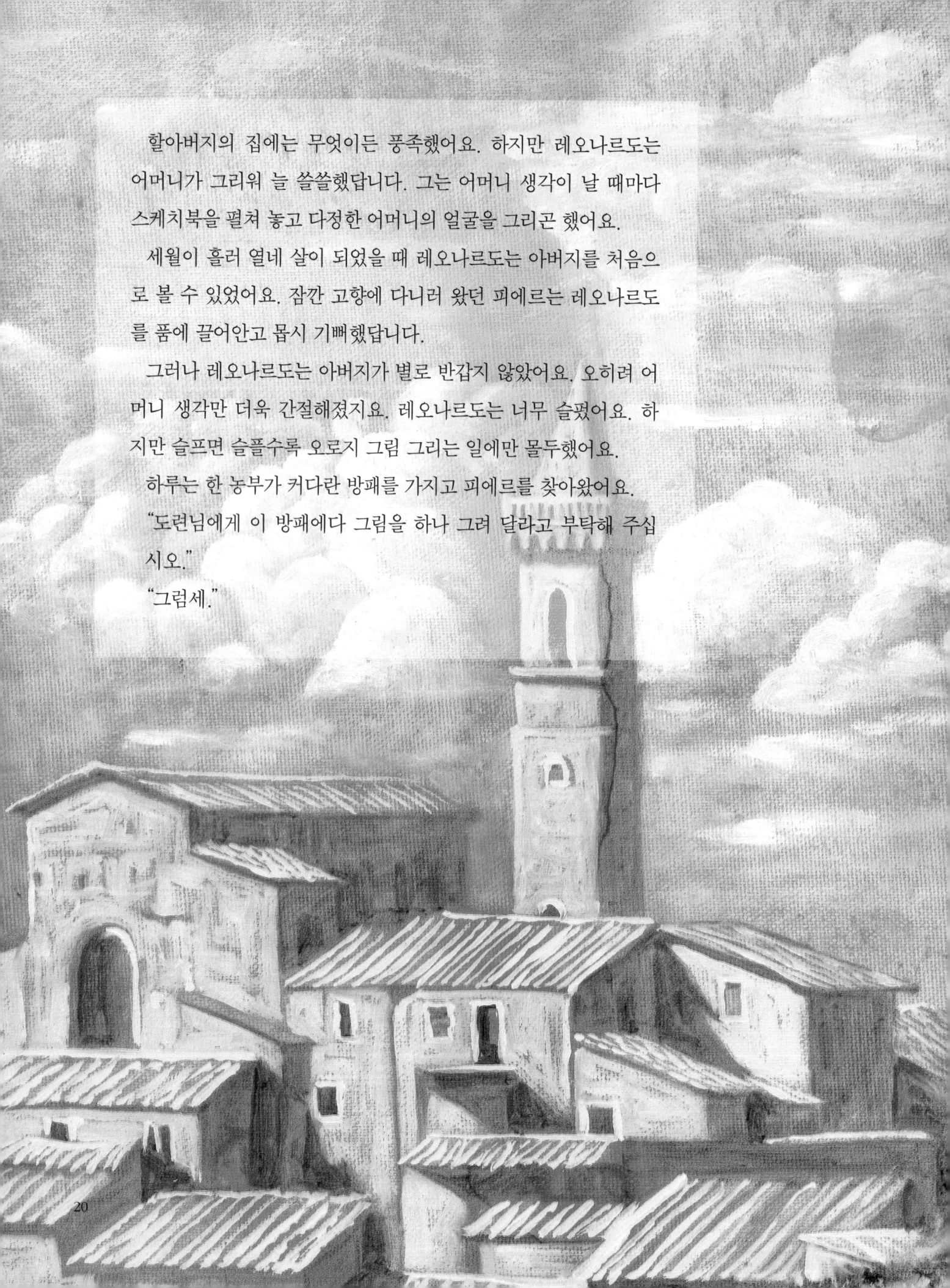

할아버지의 집에는 무엇이든 풍족했어요. 하지만 레오나르도는 어머니가 그리워 늘 쓸쓸했답니다. 그는 어머니 생각이 날 때마다 스케치북을 펼쳐 놓고 다정한 어머니의 얼굴을 그리곤 했어요.

세월이 흘러 열네 살이 되었을 때 레오나르도는 아버지를 처음으로 볼 수 있었어요. 잠깐 고향에 다니러 왔던 피에르는 레오나르도를 품에 끌어안고 몹시 기뻐했답니다.

그러나 레오나르도는 아버지가 별로 반갑지 않았어요. 오히려 어머니 생각만 더욱 간절해졌지요. 레오나르도는 너무 슬펐어요. 하지만 슬프면 슬플수록 오로지 그림 그리는 일에만 몰두했어요.

하루는 한 농부가 커다란 방패를 가지고 피에르를 찾아왔어요.

"도련님에게 이 방패에다 그림을 하나 그려 달라고 부탁해 주십시오."

"그럼세."

피에르는 쉽게 승낙해 주었어요. 피에르는 그 방패를 레오나르도에게 주며 그림을 그려 보라고 했어요. 방패를 건네받은 레오나르도는 무슨 그림을 그릴까 한참 생각했어요.

"무슨 그림이 좋을까?"

그때 레오나르도 머릿속에 메두사*가 떠올랐어요. 메두사는 그리스 신화에 나오는 괴물의 이름이에요. 멧돼지의 어금니와 청동의 손, 황금의 날개를 가지고 있었고, 특히 머리에는 머리칼 대신 뱀들이 있었는데 이것을 한번 본 사람들은 모두 돌로 변해 버렸다는 전설이 있지요.

레오나르도는 메두사 머리의 뱀을 실감나게 그리기 위해 실제로 뱀을 잡아다 관찰까지 했어요. 뱀뿐만이 아니었어요. 징그럽게 생긴 개구리, 박쥐들도 잡아다 관찰했답니다. 그리고 아주 세심하게 스케치를 했어요.

어느덧 농부가 방패를 찾으러 오기로 한 날이 되었어요. 그림을 보기 위해 레오나르도의 방에 들어서던 피에르는 깜짝 놀라고 말았어요.

"레오나르도, 웬 뱀이냐?"

피에르는 소리치며 밖으로 뛰어나갔어요.

"아버지 제가 그린 그림인데 왜 그렇게 놀라세요?"

레오나르도는 놀라는 피에르를 의아하게 쳐다봤어요. 그제야 피에르는 자신이 본 것이 진짜 뱀이 아니라 그림이라는 것을 알았어요. 바로 메두사 머리의 뱀이었던 거예요.

"아니, 이럴 수가……. 마치 살아 있는 뱀 같구나!"

레오나르도의 그림에 감탄한 피에르는 레오나르도를 피렌체로 데리고 갔어요. 피렌체의 유명한 화가에게 데려가 본격적인 그림 공부를 시키고 싶었던 거예요.

*메두사
그리스 신화에 나오는 고르고라는 세 마녀들 중의 하나로, 고르고 메두사라고도 해요. 원래는 아름다운 소녀였으나, 여신 아테나의 신전에서 바다의 신 포세이돈과 사랑에 빠졌다는 이유로 아테나 여신의 저주를 받아 무서운 괴물로 변했어요.

▲ 페가수스

신부의 초상화

아름다운 도시 피렌체에는 당시 유명한 화가인 동시에 조각가였던 베로키오*가 살고 있었답니다. 피에르는 레오나르도가 그린 그림을 들고 베로키오를 찾아갔어요.

베로키오는 피에르가 들고 간 그림을 보고 무척 감탄했어요. 그리고 당장 레오나르도를 만나고 싶어했어요. 베로키오는 레오나르도를 보자마자 자신의 제자로 삼았답니다.

레오나르도는 베로키오의 화실로 공부를 하러 다니게 되었어요. 그러면서 오직 그림 그리는 일에만 온 힘을 쏟았어요. 가끔씩 어머니를 그리는 것 외에는 다른 생각은 전혀 하지 않았답니다.

* 베로키오(1435~1488)
이탈리아의 금속 공예가, 조각가, 화가. 1460년대 후반부터 메디치 가의 비호를 받으면서 대규모 아틀리에(미술가의 작업장)를 열어 피렌체 미술계에서 지도적인 역할을 했어요.

베로키오의 제자가 된 지 얼마 안 된 어느 날이었어요. 레오나르도는 스승 베로키오와 함께 외출을 했다가 한 신부를 만났답니다.

베로키오를 알아본 그 신부는 가던 걸음을 멈추고 초상화를 그려 달라고 부탁했어요. 베로키오는 엉겁결에 다음 날 아침 8시에 화실에서 보자는 약속을 하고 헤어졌지요.

베로키오는 급하게 약속을 하느라고 그 시간에 다른 약속이 있다는 것을 깜빡 잊고 말았습니다. 나중에 생각이 난 베로키오는 약속을 미루고 싶었지만 신부의 이름도, 연락처도 몰랐답니다. 베로키오는 무척 난처했어요.

"선생님, 제가 수도원으로 그 신부님을 찾아가서 약속을 다시 정하고 오겠습니다."

▲ 베로키오의 〈꽃을 든 여인〉.

레오나르도가 말했습니다.

"얘야, 그 수도원에는 신부가 400명도 넘는단다. 이름도 모르는데 그 신부를 어떻게 찾겠다는 거니?"

베로키오는 걱정스러운 얼굴로 대답했어요. 그러자 레오나르도는 말없이 자기 방으로 들어갔어요. 그리고 잠시 후에 스케치북을 들고 수도원으로 갔어요. 레오나르도는 한 시간이 채 되기 전에 돌아왔어요.

"선생님, 초상화를 부탁한 그 신부님의 이름은 모레치라고 하던걸요."

레오나르도가 웃으며 말했어요.

"아니, 어떻게 그 신부님을 찾았니?"

베로키오가 묻자 레오나르도는 자신의 스케치북을 베로키오 앞에 펼쳐 보였어요.

"그 신부님의 초상화 스케치예요. 이 그림을 수도원에서 맨 처음 만난 신부님께 보였더니 곧바로 찾아 주셨어요."

레오나르도가 그린 초상화 스케치는 마치 모델을 앉혀 놓고 그린 그림처럼 섬세하고 정확했어요. 베로키오는 깜짝 놀랐습니다.

"레오나르도, 너는 많은 내 제자들 가운데 가장 뛰어난 화가다."

베로키오는 레오나르도를 와락 껴안으며 소리쳤답니다. 그리고 그날부터 베로키오는 레오나르도를 자기 집에서 살게 했어요. 이때부터 레오나르도는 베로키오의 수제자*가 된 것이지요.

한편 레오나르도는 음악도 무척 좋아했어요. 그림을 그리는 틈틈이 하프의 한 종류인 리라*라는 악기를 연주하곤 했지요.

레오나르도가 열아홉 살 되던 해였어요.

"레오나르도, 밀라노*의 루도비코 스포르차 공작이 피렌체에 오신단다. 환영식 때 너에게 리라를 연주해 줄 수 없겠느냐고 부탁

* 수제자
여러 제자 중에서 학문이나 기술 따위의 배움이 가장 뛰어난 제자.

* 리라
고대 그리스의 현악기. 하프와 비슷하며, U자나 V자 모양의 울림판에 넷, 일곱 또는 열 줄을 매고 손가락으로 뜯어서 연주해요.

* 밀라노
이탈리아 롬바르디아 주에 있는 도시. 예로부터 교통의 요지이며 이탈리아 제1의 상업·금융·공업 도시로 발전해 왔어요.

하더구나."

"선생님, 그건 어려운 일이 아닙니다만, 음악가도 아닌 제가 그런 일을 해도 괜찮을까요? 이름난 음악가들도 많은데……."

레오나르도는 사양했습니다.

"그런데 레오나르도, 내가 사람들에게 벌써 그렇게 하겠다고 약속을 했단다. 미안하구나."

그러고 나서 며칠이 지났어요. 드디어 스포르차 공작은 무려 200명이 넘는 사람들을 이끌고 피렌체에 도착했어요. 공작 일행은 로렌초 데 메디치 가*의 별장에 머물렀어요. 환영식은 무척 성대했답니다.

그런데 무엇보다도 스포르차 공작을 감동시킨 것은 바로 레오나르도의 리라 연주 솜씨였어요. 스포르차 공작이 레오나르도를 불러서 직접 술을 따라 줄 정도였지요.

"자네의 고향은 어딘가?"

스포르차 공작이 다정하게 물었어요.

"여기서 얼마 떨어지지 않은 빈치라는 작은 마을입니다."

"오호, 자네의 고향 이름과 성이 같군. 그리고 그림을 공부하고 있는 중이라고 들었는데 리라 연주 솜씨도 정말 대단하네."

"변변치 않은 연주를 칭찬해 주시니 부끄럽습니다."

레오나르도는 볼을 붉히며 겸손하게 대답했어요.

"전하, 이 친구는 그림과 음악뿐 아니라 공학과 과학 등 여러 방면에 뛰어난 재질을 가지고 있답니다."

옆에 있던 별장 주인인 로렌초 데 메디치가 한마디 덧붙였어요.

"그래? 내가 오늘 대단한 재주꾼을 만났구나. 나는 레오나르도 군처럼 재주 있는 젊은이를 좋아한다네. 나중에 자네를 밀라노로 초청하고 싶은데 들어주겠나?"

스포르차 공작은 얼굴 가득 웃음을 머금고 물었어요.

▲ 메디치 가
이탈리아 르네상스 시대를 대표하는 가문이에요. 당시 유럽 굴지의 금융업자로서, 또 피렌체 공화국과 토스카나 공국의 지배자로 유명하지요. 위 그림은 메디치 가를 상징하는 문장이에요.

▲ 안드레아 델 베로키오가 제작한 흉상 〈로렌초 데 메디치〉.

▲ 메디치 궁전.

"고맙습니다. 이렇게 배려해 주시니 너무나 큰 영광입니다."

그날 환영식장에서 있었던 일은 이탈리아 방방곡곡에 전해졌어요. 그래서 레오나르도의 이름을 모르는 사람이 없게 되었답니다. 이날 레오나르도와 스포르차 공작과의 만남은 훗날 레오나르도의 인생에 커다란 영향을 끼치는 중대한 사건이 되었답니다.

이듬해 스무 살이 된 레오나르도는 피렌체 화가협회의 정식 회원이 되었어요. 나이는 어렸지만 이미 훌륭한 화가로 인정받고 있었던 것입니다. 하지만 여전히 베로키오의 화실을 떠나지 않고 있었어요.

어느덧 레오나르도가 스물다섯 살이 되었어요. 하루는 베로키오가 레오나르도를 불렀어요.

"레오나르도, 이젠 내가 자네에게 더 가르칠 것이 없네. 자넨 이미 나를 넘어섰어. 여길 떠나서 자네의 길을 가게."

마침내 레오나르도는 스승의 곁을 떠나 독립하게 되었답니다. 독립한 레오나르도는 〈수태고지〉, 〈삼왕 예배〉 등의 그림을 그렸어요. 이 그림들은 오늘날까지도 세계적인 명작으로 인정받는 뛰어난 그림입니다.

▲ 레오나르도 다 빈치 그림, 〈수태고지〉.

1482년 서른 살의 레오나르도는 스포르차 공작의 정식 초청을 받고 밀라노로 갔어요. 스포르차 공작은 화가인 레오나르도도 좋아했지만 과학자로서의 재능을 더 좋아했어요.

그만큼 레오나르도는 다양한 방면에 뛰어난 능력을 보였지요. 레오나르도는 스포르차 공작의 군사 고문이 되어 무기의 개발을 돕는 한편, 〈어두운 동굴의 성모〉라는 그림을 그리기도 했답니다.

그러던 어느 날이에요.

"레오나르도, 내 아버지이고 전왕이신 프란체스코 왕의 동상을 만들고 싶네. 이탈리아에 세워진 그 누구의 동상보다 크고 위엄

있는 동상을 만들어 주게."

왕의 명령을 받은 레오나르도는 프란체스코 왕에 대해 알아보았어요. 그는 밀라노 공국*의 기초를 만든 사람으로 몸집이 매우 컸다고 해요. 그리고 말타기를 무척 좋아했다는 거예요. 이 이야기를 들은 레오나르도는 많은 궁리를 하다가 기마상*을 만들기로 결정했어요.

일단 주제를 정하자 레오나르도는 매일같이 거리를 돌아다니며 움직이는 말의 동작을 살피기 시작했어요. 하루는 많은 상점들이 늘어서 있는 거리에 나갔어요. 그때 갑자기 누군가 다급하게 소리를 질렀습니다.

"위험해요! 모두들 비켜요. 지금 성난 말이 날뛰고 있어요."

그 말이 떨어지기도 전에 요란한 말발굽 소리가 들리더니 한 마리의 거대한 말이 사나운 기세로 달려왔어요. 사람들은 비명을 지르며 피했습니다.

그런데 그때 스케치북을 들고 달려오는 말을 향해 다가가는 사람

*공국
유럽에서 공의 칭호를 가진 사람이 다스렸던 작은 나라를 말해요.

*기마상
말을 타고 있는 동상.

이 있었어요. 바로 레오나르도였어요.

"아니, 저 사람 왜 저래? 정신 나간 사람 아냐?"

"저러다 말에게 밟히면 어쩌려고……."

사람들은 레오나르도의 행동을 보고 깜짝 놀라며 걱정을 했어요. 그런데 이게 웬일입니까? 미친 듯이 날뛰며 달려오던 말이 레오나르도 앞에 오자 앞발을 치켜든 채 멈췄어요. 마치 레오나르도의 모델이 돼 주겠다는 듯 말이지요.

그림을 위해서는 그 어떤 위험도 두려워하지 않는 레오나르도의 태도에 말도 감동을 했던 것일까요? 레오나르도는 재빨리 말의 모습을 스케치했어요.

말이 조용해지자 좀전까지 날뛰는 말 위에서 두려워 벌벌 떨고 있던 사람이 뛰어내렸어요.

"정말 감사합니다. 선생님 덕분에 제가 목숨을 구했습니다. 그림을 위해 목숨을 거시다니……. 당신이야말로 진실로 위대한 화가이십니다, 다 빈치 선생님."

말의 주인이 정중하게 인사를 했어요.

"저를 아십니까?"

"네. 제 이름은 사라이라고 합니다. 저도 명색이 화가랍니다. 어떻게 선생님을 모르겠습니까? 오래 전부터 선생님을 마음속으로 존경하고 있던 터였습니다. 저를 좀 지도해 주십시오."

레오나르도는 용모가 단정하고 예의 바른 이 젊은이가 마음에 들었어요. 그래서 사라이를 기꺼이 제자로 받아들였답니다.

드디어 레오나르도는 이렇듯 갖은 고생과 오랜 노력 끝에 기마상의 설계도를 완성했어요. 잘 장식된 높은 단 위에 말을 타고 앉은 늠름하고 기개에 넘치는 프란체스코 왕의 모습이었답니다.

그런데 문제가 있었어요. 이 기마상을 만들기 위해서는 우선 구리를 많이 녹여야 해요. 그런데 그 시대에는 그만큼 큰 용광로*가

*용광로
높은 온도로 광석을 녹여 쇠붙이를 뽑아 내는 가마.

▶ **프란체스코 우베르티니 그림.**
13세기에 집들과 상점이 빽빽이 들어찬 피렌체 거리.

없었어요.

하는 수 없이 레오나르도는 용광로를 직접 설계해서 만들었어요. 그러니 시일이 자꾸 늦어질 수밖에 없었지요. 성급한 스포르차 공작은 프란체스코 왕을 기리는 기념 축제까지는 꼭 동상을 만들라고 독촉했어요. 그러나 아무리 서두른다고 해도 기념 축제날까지 완성하는 일은 불가능했답니다. 할 수 없이 레오나르도는 궁전 앞 광장에 임시로 큰 돌을 쌓아 받침대를 세웠어요. 그리고 그 위에 기마상을 올려놓았답니다.

사람들은 채 완성도 되지 않은 동상을 보고도 넋을 잃었어요. 그 웅장함과 아름다움에 놀랐던 거예요.

"과연 레오나르도 다 빈치로구나. 천하의 명장*이야."

모두들 레오나르도의 솜씨에 감탄했답니다.

*명장
예술이나 학문·기술에 뛰어난 사람.

〈최후의 만찬〉

1495년, 레오나르도 다 빈치는 마흔 세 살의 장년*이 되었어요.

"나는 세계에서 제일가는 성당과 미술품이 내가 다스리는 밀라노에 있다는 말을 듣고 싶네. 그리고 자네와 내가 힘을 합치면 충분히 해낼 수 있는 일이라고 생각한다네. 우선 산타 마리아 델레 그라치에 수도원에 근사한 벽화 좀 그려 주게나."

스포르차 공작은 간절하게 부탁했어요. 다 빈치는 스포르차 공작의 제의를 거절할 수가 없었지요.

곧장 수도원을 찾아간 다 빈치는 벽의 구조부터 살펴보았어요. 벽의 넓이와 높이를 파악한 다음 작품을 구상했어요.

"무엇을 그리면 좋을까?"

성당이니까 아무래도 성경에 나오는 이야기를 그리는 게 좋을 것 같았어요. 다 빈치는 성경을 뒤적이며 며칠 동안 고민을 했어요. 마침내 예수님이 열두 제자들과 마지막으로 식사를 나누는 모습을 그리기로 했지요. 제목은 〈최후의 만찬〉으로 정했어요.

작업을 시작하고 곁에서 완성되어 가는 모습을 지켜보고 있던 사라이는 감탄을 금치 못했어요. 인물 하나 하나가 살아서 움직이는 것 같았거든요.

이제 그림은 거의 막바지에 이르렀어요. 이제 두 인물만 그리면 완성인데, 다 빈치는 자꾸 시간만 끌고 그림은 그리려 하지 않았어요. 성당에서는 그림이 완성되는 날을 이제나저제나 애타게 기다리고 있었는데 말이지요.

*장년
혈기 왕성하여 한창 활동할 나이, 또는 그런 나이의 사람. 일반적으로 서른 살에서 마흔 살 안팎을 말해요.

"선생님, 두 인물만 그리면 완성되는데 왜 미루고 계십니까?"
사라이가 궁금증을 참지 못하고 다 빈치에게 물었어요.

▲ 레오나르도 다 빈치 그림, 산타 마리아 델레 그라치에 수도원 식당 벽면에 그려진 〈최후의 만찬〉.
"오늘 밤, 너희 중 하나가 나를 배신할 것이다."라고 예언한 예수의 말을 들은 열두 제자들은 저마다 깜짝 놀라며
"주여, 저는 아니겠지요?"라고 물었어요. 그러나 오직 유다만이 슬쩍 뒤로 물러나 은이 든 자루를 쥐고 있습니다.

"여기는 그리스도와 유다가 들어갈 자리라네. 그런데 거룩하신 그리스도와 스승을 팔아 버린 흉악한 배신자 유다의 표정을 어떻게 그려야 할지, 아직도 잘 모르겠단 말일세."

다 빈치가 스스로도 안타깝다는 듯이 대답했어요. 그제야 사라이는 스승 다 빈치가 왜 그림을 완성하지 못하는지 알 수 있었어요. 하지만 손에 땀을 쥐고 스승이 작업하는 모습을 말없이 지켜보는 것 이외에는 아무것도 할 수 없었지요.

다 빈치는 그 일이 있은 후에도 꽤 오래 지나서 예수님의 얼굴을 그렸답니다. 그러나 유다의 얼굴은 아직도 그리지 못하고 있었어요. 그림의 완성이 자꾸만 늦어지자 수도원장은 스포르차 공작을 찾아갔어요.

"전하, 다 빈치가 그림에 열중하지 않고 게으름을 피우고 있습니다. 아무래도 다른 화가에게 시킬 것을 잘못한 것 같습니다."

수도원장은 멋도 모르고 이렇게 다 빈치를 헐뜯었습니다. 스포르차 공작은 믿었던 다 빈치가 게으름을 피우고 있다는 말에 몹시 화가 났어요.

"도대체 〈최후의 만찬〉을 그리는 데 왜 그렇게 오랜 시간이 걸리는 것인가?"

스포르차 공작은 다 빈치를 불러 꾸짖었어요.

"전하, 죄송합니다. 벽화는 거의 다 완성됐습니다. 그러나 유다의 모델이 없어서 완성이 늦어지고 있습니다."

그제야 스포르차 공작은 다 빈치가 게으름을 피운 것이 아니라는 걸 알게 되었어요. 그는 좋은 작품을 만들기 위해 고민하고 있는 다 빈치의 마음을 이해해 주었답니다.

"그래, 그랬군. 자네가 게으름을 피운다는 수도원장의 말만 듣고 화를 내서 미안하네."

스포르차 공작은 진심으로 사과했어요.

"유다 같은 배신자*의 얼굴 표정을 그리는 일이 쉽지는 않겠지. 아무튼 빨리 완성해 주게."

그 뒤에도 많은 시간이 더 흐른 뒤에야 그림은 완성되었어요. 그

▲ 〈최후의 만찬〉 중 예수의 모습.

▲ 〈최후의 만찬〉 중 유다의 모습.

* 배신자
믿음과 의리를 저버린 사람.

림을 그리기 시작한 지 꼬박 4년이 걸려 완성된 〈최후의 만찬〉은 오늘날까지도 불후*의 명작으로 손꼽히고 있답니다.

*불후
썩지 아니함, 곧 영원히 없어지지 아니함.

"어떻게 하면 인물화를 선생님처럼 실감나게 그릴 수 있습니까?"
〈최후의 만찬〉이 완성된 뒤 사라이가 다 빈치에게 물었어요.
"인물을 제대로 그리려면 먼저 인체의 구조를 알아야 하는 것일세. 그래야 사람이 살아서 움직이는 듯한 얼굴을 그릴 수가 있지. 그러기 위해서는 해부학*을 공부해야 한다네."
해부학이라는 말에 사라이는 깜짝 놀랐어요.
해부학이란 근육이나 내장 기관 등 동물의 내부 생김새에 대해 연구하는 학문이에요. 하지만 당시 교회에서는 산 사람뿐만 아니라 죽은 시체에도 칼을 대는 것을 법으로 금지하고 있었어요. 심지어 해부를 한 사람은 악마라고 하면서 사형을 시켰답니다.

*해부학
생물체의 일부나 전부를 갈라 헤쳐 그 내부 구조와 각 부분 사이의 관련 및 병인, 사인 따위를 조사하는 학문이에요.

"인체 해부는 교회에서 금지하고 있지 않습니까?"
사라이는 어렸을 때 시체를 해부한 의사가 사형당하는 것을 보았던 기억이 났어요. 하지만 다 빈치는 조금도 두려울 것이 없다는 듯이 대답했어요.

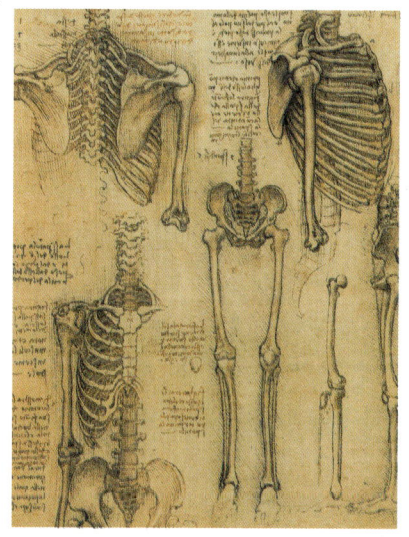

▲다 빈치의 인체 해부학 노트.

"참다운 이치를 알게 되는 것이라면 교회가 아무리 법으로 금지해도 용기를 가지고 끝까지 밀고 나가야 한다네. 그래야 진리가 밝혀지고 세상이 발전하는 법이 아니겠나? 그리고, 해부가 어째서 하느님의 뜻이 아니라는 건가? 인체의 구조와 기능을 파악하는 것은 그림에만 필요한 것이 아니라네. 의사도 사람의 내부를 잘 알아야 병을 고칠 수 있지 않겠나? 금지할 것을 금지해야지."
다 빈치는 열변*을 토하듯 말했어요. 사라이는 다 빈치의 말을 듣고 곰곰이 생각했어요. 그리고 한참이 지나서 결심한 듯이 입을 열었어요.

*열변
열렬하게 사리를 밝혀 옳고 그름을 따지는 말.

"그럼 선생님이 제가 시체를 해부해 볼 수 있게 도와주세요."

사라이는 간절히 부탁했어요.
"그럼, 내가 기회를 만들어 보지. 그러나 꼭 비밀을 지켜야 한다네. 아무래도 지금은 해부가 금지되어 있으니까 말일세."
다 빈치는 사라이의 다짐을 받았습니다.
며칠이 지났어요.
다 빈치는 이른 새벽에 깊은 잠에 빠져 있는 사라이를 조용히 깨웠어요. 사라이는 깜짝 놀라며 벌떡 일어났습니다.
"왜 그러십니까? 선생님."
"쉿! 삽과 괭이를 들고 조용히 나를 따르게."
사라이는 영문도 모른 채 다 빈치의 뒤를 따랐어요.

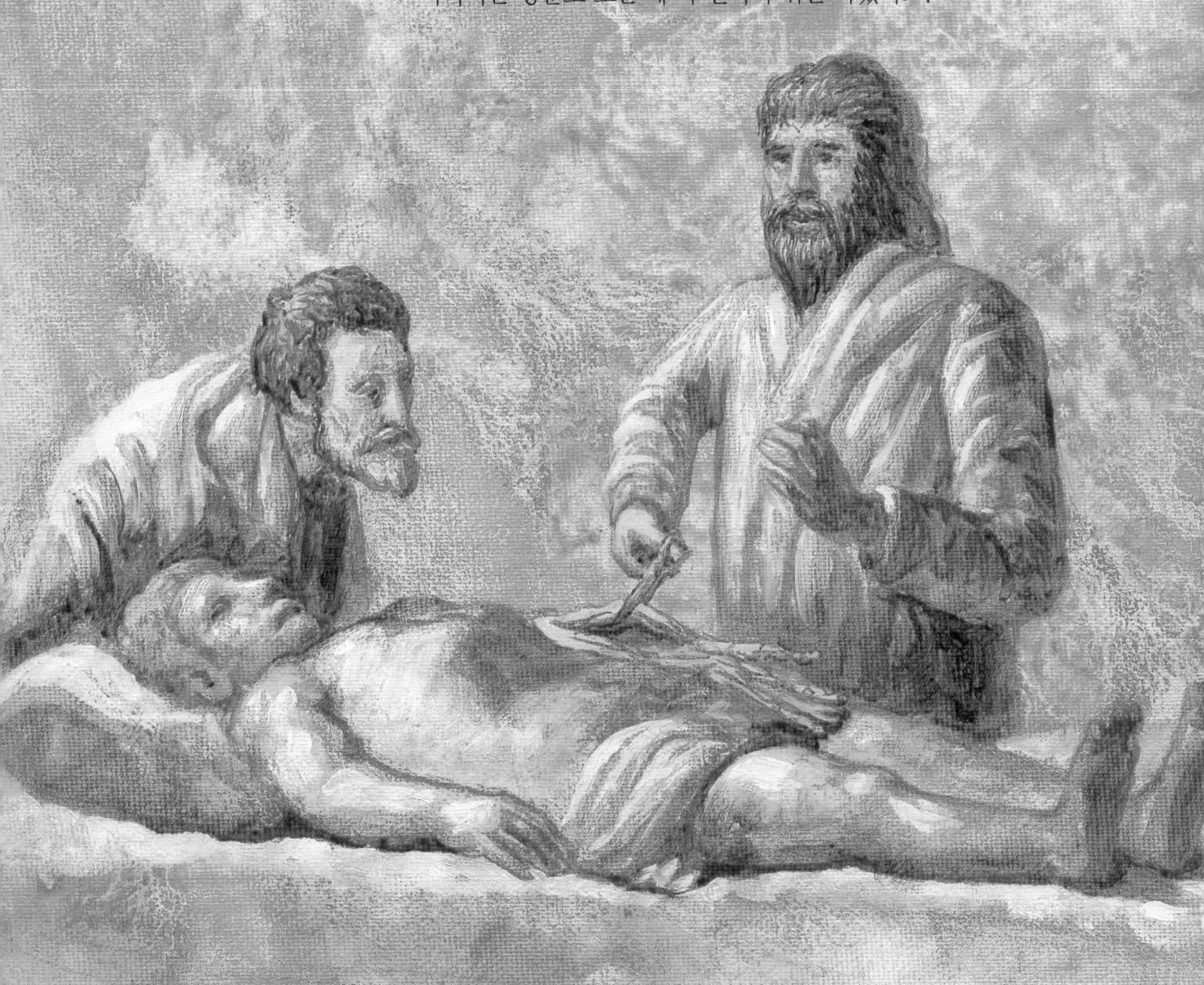

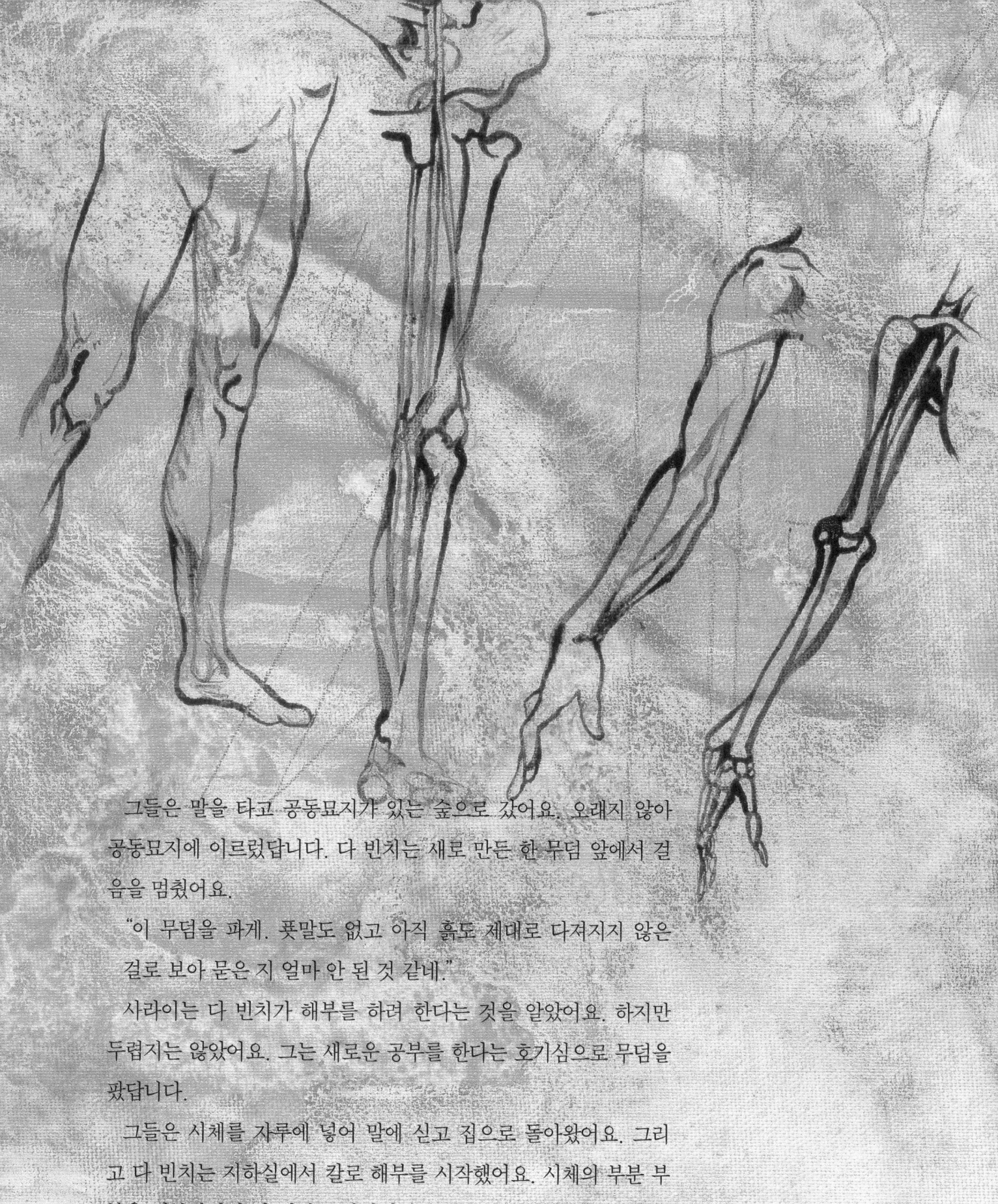

　그들은 말을 타고 공동묘지가 있는 숲으로 갔어요. 오래지 않아 공동묘지에 이르렀답니다. 다 빈치는 새로 만든 한 무덤 앞에서 걸음을 멈췄어요.

　"이 무덤을 파게. 푯말도 없고 아직 흙도 제대로 다져지지 않은 걸로 보아 묻은 지 얼마 안 된 것 같네."

　사라이는 다 빈치가 해부를 하려 한다는 것을 알았어요. 하지만 두렵지는 않았어요. 그는 새로운 공부를 한다는 호기심으로 무덤을 팠답니다.

　그들은 시체를 자루에 넣어 말에 싣고 집으로 돌아왔어요. 그리고 다 빈치는 지하실에서 칼로 해부를 시작했어요. 시체의 부분 부분을 해부하면서 다 빈치는 사라이에게 정성껏 설명해 주었답니다.

사라이는 다 빈치의 설명을 들으며 열심히 스케치를 했지요.

그런데 다음 날 아침 누군가에 의해서 이 일이 교회에 알려지고 말았어요. 다 빈치와 사라이는 감옥에 갇히고 말았답니다. 이제 그들 앞에는 사형만이 기다리고 있었어요.

때는 1499년, 마침 불행인지 다행인지 뜻밖의 일이 벌어졌어요. 프랑스 군이 밀라노를 쳐들어왔던 거예요. 막강한 프랑스 군대에 밀라노는 힘 한 번 제대로 써 보지 못하고 도망가기에 바빴어요. 스포르차 공작도 성을 버리고 달아나 버렸답니다. 덕분에 다 빈치와 사라이는 감옥에서 나올 수 있었어요.

바람이 산들거리는 봄날, 다 빈치는 사라이와 함께 피렌체로 돌아왔어요. 활짝 핀 들꽃을 바라보는 다 빈치는 문득 자신의 소년 시절이 생각났어요.

'내가 떠나온 뒤 어머니는 어떻게 지내고 계실까?'

고향 생각에 잠긴 다 빈치의 눈앞에 문득 빈치에 계신 어머니 얼굴이 선명하게 떠오르고 있었어요.

"사라이, 빈치에 들러 봐야겠네."

"선생님의 고향 말씀이시군요. 모두들 반갑게 맞아 주겠지요?"

사라이는 마치 자신의 고향을 찾아가게 된 것처럼 기뻐했답니다.

빈치는 어린 다 빈치가 떠날 때와 다름없이 조용하고 아름다웠어요. 그런데 다 빈치는 왠지 모르게 불안하고 초조했어요.

"영감님, 이 마을에 사십니까?"

다 빈치는 지나가는 한 농부에게 물었어요.

"그렇소만……"

농부는 의아스러운 듯이 이 낯선 사람을 쳐다봤어요. 다 빈치는 조심스럽게 다시 물었어요.

"혹시 카테리나 부인을 아시나요?"

*성호
가톨릭 신자가 가슴 앞에서 손으로 긋는 십자가 모양을 이르는 말이에요.

*미켈란젤로(1475~1564)
이탈리아의 화가, 조각가로, 르네상스 최대의 예술가. 시스티나 성당 벽화 〈최후의 심판〉은 기독교 미술의 최고봉이라 일컬으며, 로마의 성 베드로 대성당의 큰 돔은 그가 직접 설계한 것입니다. 그 밖에도 〈다비드〉, 〈피에타〉 등이 있습니다.

그러자 농부는 가슴에 성호*를 그으며 다 빈치에게 말했어요.
"그럼요. 아주 착하고 아름다운 부인이었지요. 안타깝게도 지난해 가을에 세상을 떠나셨답니다. 그런데 낯선 분이 카테리나 부인을 알고 계시다니, 도대체 당신은 누구십니까?"

다 빈치는 농부의 말에 대답도 못한 채 말없이 흐르는 냇물을 굽어보며 눈물만 흘렸답니다.

고향 빈치에 갔다가 피렌체로 돌아온 직후였어요. 경호장관 소데리니가 다 빈치를 찾아왔습니다.

"우리 왕께선 당신과 미켈란젤로*를 피렌체의 자랑으로 여기십니다. 그래서 시민들이 영원히 당신들을 잊지 않도록 베키오 궁전 벽에 그림을 그려 주기를 원하고 계십니다."

다 빈치와 미켈란젤로는 소데리니가 말한 것처럼 당시 이탈리아가 낳은 세계적인 화가였어요.

그러나 두 사람은 유명한 화가라는 점 외에는 공통점이 별로 없었지요.

먼저 나이가 그랬어요. 그때 다 빈치는 쉰두 살의 노인이었고 미켈란젤로는 이제 한창 나이인 스물아홉 살 청년이었답니다.

그리고 그림을 그리는 방식도 정반대였어요. 다 빈치는 그림을 꼼꼼하게 그렸지만 미켈란젤로는 대담하게 그리는 것으로 유명했어요.

아무튼 다 빈치는 젊은 미켈란젤로와 그림 솜씨를 겨룰 기회를 얻은 것이 은근히 기뻤답니다. 결국 두 사람은 서로 다른 주제를 가지고 각각 공간에 그림을 그리게 되었어요.

다 빈치와 미켈란젤로가 궁전의 벽화를 그리게 되었다는 소문은 금세 피렌체 거리에 퍼져 나갔답니다.

피렌체는 두 사람 이야기로 떠들썩했어요. 예술가들은 다 빈치 지지파와 미켈란젤로 지지파로 나뉘어 각각을 응원했어요.

일을 맡은 다 빈치는 우선 그림의 소재를 찾기 위해 피렌체의 역사를 더듬어 보았어요. 그런 뒤 '앙기아리 전쟁'을 주제로 벽화를 그리기로 했어요.

피렌체 남쪽에 있는 앙기아리는 1440년에 밀라노 군대와 치열한 싸움을 했던 곳이랍니다. 미켈란젤로도 피렌체 역사상 가장 큰 전쟁의 하나였던 '카시나 싸움'을 그리기로 했어요.

한번 마음먹으면 단번에 해치우는 성격인 미켈란젤로는 단숨에 그림을 그려 나갔지요. 그러나 다 빈치는 신중에 신중을 거듭하면서 차근차근 그려 나갔습니다.

두 화가가 본격적으로 그림 그리기를 시작할 무렵이었어요. 다

▶ 루벤스가 다 빈치의 〈앙기아리 전투〉를 보고 그린 〈기마 전투〉.
레오나르도 다 빈치의 〈앙기아리 전투〉 그림은 밑그림조차 사라진 채 다른 화가들이 보고 베껴 둔 작품들만 남아 있어요.

빈치는 매일 궁중에 나타나 자기가 일하는 것을 지켜보다가 돌아가는 한 청년을 발견했어요.

어떤 날은 그 청년이 먼저 나와 다 빈치를 기다리기도 했어요. 다 빈치는 그 청년에 대해 호기심이 생겼어요.

"내 그림에 흥미가 있는 것 같은데 서로 이름이나 알고 지냅시다. 나는 레오나르도 다 빈치라고 한다오."

다 빈치는 손을 내밀어 청년에게 악수를 청했어요.

"저는 로마에서 페루지노* 선생님께 배우고 있는 라파엘로*라고 합니다. 선생님께서 이 궁전에 벽화를 그리신다고 하기에 며칠 전에 왔는데, 이렇게 직접 뵙게 되어 큰 영광입니다."

라파엘로는 이제 겨우 스물두 살이었어요. 행색은 초라했지만 키가 훤칠하게 크고 호감이 가는 얼굴이었어요. 이 청년은 훗날 유명한 화가가 되었답니다.

다 빈치는 색깔 하나하나, 붓질 하나하나에 신경을 써 가며 그림을 그리는 일에 열중했어요. 그러다 보니 좀처럼 그림 그리는 속도가 나질 않았답니다.

관리들이 빨리 그려 달라고 성화*를 해대자 화가 난 다 빈치는 그림을 중단하고 말았어요. 그런데 미켈란젤로도 역시 사정이 생겼어

* 페루지노(1450~1523)
이탈리아의 화가. 피에로와 베로키오에게 가르침을 받았어요. 바티칸 궁전 시스티나 벽화 장식을 했어요.

* 라파엘로(1483~1520)
이탈리아 르네상스를 대표하는 화가. 미술의 고장 피렌체로 가서 다 빈치와 미켈란젤로 등의 그림을 본보기 삼아 미술 공부를 했어요. 1508년 교황 율리우스 2세 밑에서 바티칸 궁전 벽화 등 큰 규모의 그림을 많이 그렸어요.

* 성화
일 따위가 뜻대로 되지 않아 답답하고 애가 탐.

요. 교황 율리우스 2세의 명을 받아 로마로 가야만 했던 거예요. 그 바람에 두 거장의 벽화는 완성되지 못했답니다.

벽화 그리기를 중단한 다 빈치는 조콘다 리자 부인의 초상화를 그려 달라는 부탁을 받았어요. 리자 부인은 피렌체에서 소문난 미인이었어요. 다 빈치는 흔쾌히 승낙했지요.

리자 부인의 초상화를 그리는 일은 약 4년 정도 걸렸답니다.

그림이 거의 완성 단계에 이르렀던 어느 날, 약속 시간보다 훨씬 늦게 화실에 나타난 리자 부인은 얼굴이 그리 밝아 보이지 않았어요. 다 빈치는 부인에게 조심스럽게 물었습니다.

"부인, 무슨 불편한 일이라도 있으십니까?"

리자 부인은 한참을 머뭇거리다가 입을 열었어요.

"남편과 함께 석 달간 외국 여행을 떠나게 되었답니다."

"그렇습니까? 잘 알았습니다. 그럼, 완성은 조금 더 기다리는 수밖에 없겠군요."

"그런데 선생님, 참 이상해요. 왠지 저는 이 초상화가 완성되는 걸 보지 못할 것 같은 마음이 든답니다."

리자 부인이 우울한 목소리로 말했습니다.

"그럴 리가 있겠습니까? 제가 너무 시일을 끌어서 죄송할 뿐이지요. 돌아오시면 빠른 시일 내에 완성할 테니 마음 놓고 잘 다녀오세요. 그림이 완성되면 〈모나 리자〉라는 제목을 달겠습니다."

"제겐 너무나 과분한 이름이네요."

리자는 부끄러운 듯 얼굴을 붉혔어요. '모나 리자' 라는 말은 '친애하는 리자 부인' 이란 뜻으로 부인을 높여 부르는 말이었거든요.

리자 부인이 여행을 떠난 뒤 다 빈치는 모처럼 한가한 시간을 얻었어요. 당시 다 빈치는 결혼을 하지 않고 혼자 살고 있었답니다. 그래서 때때로 외롭고 쓸쓸한 기분에 사로잡히곤 했지요. 그때마다 다 빈치는 아르노 강변을 혼자 거닐며 산책을 즐겼어요.

▲ 율리우스 2세(1443~1513)
율리우스 2세는 미켈란젤로에게 시스티나 성당의 천장 벽화를, 브라만테에게 성 베드로 대성당의 프레스코 벽화를, 라파엘로에게 바티칸 궁전의 벽화를 그리게 하는 등 예술을 적극적으로 후원했어요. 위 초상은 라파엘로가 그린 것으로 추정됩니다.

▲ 레오나르도 다 빈치 그림, 〈모나 리자〉.

그날 저녁에도 다 빈치는 강변을 산책했어요. 그리고 노을 속에 붉게 물든 산타 마리아 델 피오레 성당을 바라보고 있었지요.

"혹시 다 빈치 선생님이 아니십니까?"

저쪽에서 한 노인이 다가오며 물었습니다.

"그렇습니다만, 누구시죠?"

"저는 조콘다 부인 댁의 하인입니다. 선생님께 불행한 소식을 전하려고 찾아왔답니다. 슬프게도 저희 마님께서 여행지에서 돌아가시고 말았습니다."

노인의 말에 다 빈치는 깜짝 놀랐어요.

"부인이 돌아가셨다니요? 그래, 돌아가시기 전에 무슨 말씀이라도 남기셨습니까?"

"갑자기 돌아가시는 바람에 아무 말씀도 남기지 못하셨답니다."

노인은 시선을 떨어뜨리며 눈물을 흘렸어요.

결국 리자 부인이 여행을 떠나기 전에 한 말대로 〈모나 리자〉는 미완성으로 남았답니다.

다 빈치는 리자 부인이 죽었다는 말에 큰 충격을 받았어요.

한동안 충격에서 벗어나지 못하고 있던 다 빈치는 며칠 후 사라이를 불렀어요.

"내가 자네를 만난 지도 어느새 17년이 되었네그려. 그때 성난 자네의 말이 아니었다면 우리의 만남은 아마 없었겠지."

"예, 선생님. 벌써 시간이 그렇게 흘렀군요."

"그래서 말인데, 사라이. 나는 이제 다시 밀라노로 돌아갈까 하네. 자네는 어떻게 하려나?"

다 빈치는 쓸쓸한 미소를 지으며 말했어요.

"물론 저도 선생님을 따라가야지요. 선생님, 어떻게 바늘이 가는데 실이 그냥 남겠습니까? 더군다나 밀라노는 저의 고향이 아닙니까?"

사라이는 당연하다는 것처럼 시원스럽게 말했어요.
"그럼, 우리 곧장 떠나세. 사실은 밀라노의 프랑스 총독으로부터 초청장을 받았다네. 자네와 둘이 가겠다고 답장을 보내겠네."
당시 밀라노는 프랑스가 지배하고 있었어요. 그래서 왕 대신 프랑스가 보낸 총독이 관리하고 있었답니다.
다 빈치는 밀라노로 떠날 때 미완성인 리자 부인의 초상화를 가지고 갔답니다. 다 빈치의 나이 쉰네 살 때였어요.
밀라노로 다시 돌아간 다 빈치와 사라이는 천천히 거리를 걷고 있었어요. 다 빈치의 머릿속에는 지난날 밀라노에서 있었던 일들이 마치 그림처럼 떠올랐어요. 그들은 산타 마리아 델레 그라치에 성당으로 〈최후의 만찬〉을 보러 갔어요.
성당에 도착한 다 빈치는 깜짝 놀랐어요. 벽화는 색깔이 흉하게 변해 있었고 여기저기 물감이 떨어져 나간 곳도 있었어요. 다 빈치는 슬픔에 잠겼어요.
"사라이, 이 벽화가 왜 이렇게 변한 것 같은가? 내 생각엔 물감을 기름에 섞어서 그린 탓인 것 같은데……. 자네 생각은 어떤가?"
"예, 벽에 기름이 잔뜩 배어 있는 것을 보니 선생님 말씀이 맞는 것 같습니다. 더군다나 프랑스 병사들이 여기를 쓰면서 함부로 다룬 것 같습니다. 하지만 가장 큰 책임은 관리를 제대로 하지 못한 밀라노 정부에 있습니다."
사라이가 한숨을 쉬면서 이렇게 말했어요.
다 빈치는 한참을 마치 넋이 나간 사람처럼 그 자리에 서 있었어요. 뭔가 깊은 생각을 하는 것처럼 보였지요. 그리고 한참 만에 무거운 발걸음을 떼어 놓았어요. 다 빈치의 눈에서는 눈물이 흐르고 있었어요.

슬픈 다 빈치

1507년, 밀라노의 프랑스 총독이 다 빈치를 찾았어요.
"이번에 프랑스 황제 루이 12세께서 이곳에 오실 겁니다. 그래서 환영회 때 깜짝 놀라실 만한 것을 보여 드리고 싶은데, 당신이 한 번 구상해 보시오."
다 빈치는 총독의 부탁을 들어주기로 했어요.
며칠 후에 다 빈치는 조로아스트로라는 유명한 기계공을 찾아갔어요. 이튿날부터 사라이와 함께 셋이서 뭔가를 열심히 만들기 시작했지요.
드디어 프랑스 황제 루이 12세가 밀라노에 도착했어요. 밀라노 궁전에서는 환영회가 열렸지요. 환영회는 화려하고 떠들썩했어요.
연회가 한창 무르익어 갈 무렵이었습니다. 갑자기 출입문이 덜컥 열렸어요. 그리고 음악 소리가 쾅쾅 울리더니 커다란 사자 한 마리가 불쑥 모습을 나타냈어요.
"으악, 사자다!"
사람들은 깜짝 놀라서 비명을 질러댔어요.
"웬 사자야?"
"연회장에 웬 사자가……!"
사람들은 놀랍고 무서워서 어쩔 줄을 몰랐어요. 그때 총독이 웃으며 큰 소리로 외쳤어요.
"여러분, 놀라지 마십시오. 이것은 대화가 레오나르도 다 빈치 선생이 만드신 모형 사자랍니다. 겁내지 마십시오."

사람들은 사자가 가짜라는 것을 알게 되자 비로소 안심했어요. 그리고 너무나 정교하고 살아 있는 것처럼 만들어진 사자의 모습에 감탄을 금치 못했답니다.

사자의 등장으로 환영회의 흥겨움은 한층 더 고조되었어요. 그러나 이것이 끝이 아니었어요. 연회장을 어슬렁거리고 다니던 사자의 등이 툭 터지면서 하얀 백합꽃 다발이 튀어나왔던 거예요. 하얀 백합은 프랑스 왕실의 상징이었어요. 사람들은 또 한번 환호성을 질렀답니다.

"총독, 이 사자를 만든 사람이 대체 누구요? 그를 만나고 싶소."

루이 황제가 총통에게 말했어요. 다 빈치를 만난 루이 황제는 정말로 기뻐했어요.

"오늘 그대를 만나게 되어 너무나 기쁘오. 그대를 프랑스 궁전의 화가로 쓰고 싶소."

*토목
가옥, 도로, 둑, 다리, 하천 등에 목재, 철재, 토석 따위를 사용하는 공사.

*운하
배가 지나가게 하거나 농사짓는 땅에 물을 대기 위해 육지를 파서 만든 물길.

　이렇게 해서 다 빈치는 프랑스의 황제 루이 12세의 사랑을 독차지하는 화가가 되었답니다.
　다 빈치는 그때부터 미술은 말할 것도 없고 밀라노 궁중에서 관리하는 토목*·공학 등 모든 일을 설계하고 감독하게 되었어요. 또 밀라노 시내를 흐르는 아시다 강을 넓히고 운하*를 만드는 공사도 맡게 되었답니다.
　다 빈치는 공사 감독이 된 후 지롤라모 메르치라는 사람의 별장에서 살게 되었어요.

어느 날 다 빈치는 정원에서 열심히 그림을 그리고 있는 한 소년을 보았습니다.

"그림을 정말 잘 그리는구나. 네 이름이 뭐지?"

"전 프란체스코라고 합니다."

소년은 별장의 주인인 지롤라모 메르치의 외아들이었어요. 다 빈치는 그날 밤 메르치를 만났어요.

"댁의 아들이 그림에 뛰어난 소질이 있는 것 같습니다. 그림 공부를 시킬 생각은 없으십니까?"

다 빈치가 물었습니다.

"전 아직 결정을 못 하고 있습니다만, 프란체스코는 화가가 되고 싶어하지요. 정말 재능이 있는지도 모르겠고…… 또 이 동네에는 지도를 해 줄 만한 선생님도 안 계시지요. 하지만 만약 선생님께서 지도해 주신다면 기꺼이 그림 공부를 시키겠습니다."

메르치는 프란체스코를 제자로 삼아 달라고 다 빈치에게 부탁했어요.

"그러지요. 프란체스코를 불러 주시겠습니까?"

지롤라모 메르치는 다 빈치의 말이 떨어지기가 바쁘게 아들을 불렀어요. 프란체스코는 조금 전에 그린 그림을 가지고 나타났어요.

"얘야, 올해 몇 살이냐?"

"열네 살입니다."

다 빈치는 자신이 열네 살 때 아버지와 함께 피렌체의 베로키오 선생을 찾아갔던 일을 생각했어요.

"나는 레오나르도 다 빈치라는 화가란다. 네 꿈이 화가가 되는 것이라고 하더구나. 만약 그렇다면 나하고 같이 그림 공부를 해 보지 않으련?"

"선생님께서 저를 제자로 받아 주신다면 열심히 배우겠습니다."

프란체스코는 수줍은 듯하면서도 다부진* 목소리로 대답했어요.

▲레오나르도 다 빈치 그림, 〈성 안나와 성모자〉.

* 다부지다
힘드는 일에 능히 견뎌 낼 강단이 있다.

"그런데 한 가지 네가 알아 두어야 할 것이 있다. 나는 지금 밀라노에 머물고 있지만 운하 공사가 끝나면 또 어디로 갈지 모른단다. 그래서 네가 내 제자가 되면 부모님도 자주 뵙지 못할 텐데……. 그래도 내 제자가 될 수 있겠니?"
"선생님의 제자가 될 수만 있다면 아무래도 좋습니다."
프란체스코는 이미 결심이 섰다는 듯 또박또박 대답했어요.
"좋다. 프란체스코, 너는 지금부터 내 제자다."
다 빈치는 프란체스코를 기꺼이 제자로 받아들였어요. 프란체스코뿐만이 아니었어요. 얼마 전 사자를 함께 만들었던 기계공 조로 아스트로도 다 빈치의 제자가 되었답니다.

몇 년이 지나 밀라노는 또다시 전쟁에 휘말렸어요. 프랑스가 다른 나라와 전쟁을 일으켰던 거예요.
어느 날 다 빈치는 제자들을 불러 모았어요.
"불행히도 밀라노는 더 이상 예술가들이 머무를 만한 곳이 아닐세. 그래서 여기를 떠나려고 하는데 자네들은 어떻게 하려나?"
"선생님이 안 계시면 저희도 밀라노에 있을 이유가 없습니다. 저희도 선생님과 함께 떠나겠습니다."
제자들은 모두 함께 가겠다고 대답했어요.
그때 다 빈치는 머리가 하얀 노인이었답니다.
마침 교황의 동생 네무르 공이 다 빈치에게 로마로 오라는 초청장을 보내 왔어요. 결국 다 빈치는 제자들과 함께 로마로 갔어요.
당시 로마에서는 세계의 이름난 화가들이 다 모여서 실력을 겨루고 있는 중이었지요. 그것을 알고 있던 다 빈치의 제자들은 정말 좋은 기회라고 생각했어요.
로마는 소문으로 들은 것보다 훨씬 더 크고 웅장한 도시였어요.
"미켈란젤로가 작년에 이 성당 천장에 벽화를 그렸다더군."

다 빈치가 성 피에르 성당 앞을 지나가다가 제자들에게 말했습니다.

"정말 대단한 그림이라고 들었습니다. 선생님, 그런데 지금은 라파엘로라는 젊은 화가가 더 이름을 날리고 있다더군요."

다 빈치는 오래 전에 피렌체에서 라파엘로를 만났던 기억을 떠올렸어요.

▲ 라파엘로 그림, 〈마돈나〉.

"하지만 아무리 그렇다고 해도 선생님이 오신 이상 일인자 자리는 내놓아야겠지요."

"그럼요, 꼭 실력을 발휘하셔서 선생님의 명성이 널리 알려지기를 바라겠어요."

제자들은 자신감에 차 있었어요. 하지만 다 빈치는 그저 빙긋이 웃기만 했어요.

다 빈치는 사라이, 프란체스코와 함께 시스티나 성당의 천장에 그려진 그림을 구경하러 갔어요. 길이가 40m나 되는 천장에는 그림으로 가득 채워져 있었어요.

천장뿐만 아니라 사방의 벽이 모두 그림으로 장식되어 있었어요. 성당 안에 들어간 다 빈치의 제자들은 깜짝 놀랐습니다.

"저런 큰 일을 우리 스승님 말고 다른 사람에게 맡겼다니, 말도 안 돼."

사라이는 로마에서 레오나르도 다 빈치의 이름이 별로 알려지지 않은 게 섭섭했어요.

그 궁전 안에는 라파엘로의 그림으로 꾸며진 방도 있었어요.

"선생님, 라파엘로의 그림을 어떻게 생각하세요?"

라파엘로의 그림들을 보던 사라이가 다 빈치에게 물었어요.

"라파엘로는 대단히 영리한 사람이로구나. 그는 나와 미켈란젤로의 가장 우수한 기법*만 빌려 쓰고 있어. 그리고 그 위에다 자기만의 기법을 보태고 있다네. 대부분의 사람들이 늘 자신의 기법

만으로 그림을 그리려고 하는데 말이야. 다른 사람의 우수한 기법을 자기 것으로 재빨리 소화하는 것도 아주 중요하겠지."

다 빈치는 라파엘로를 극찬했어요. 이제 겨우 서른 살의 젊은 청년 라파엘로의 뛰어난 재능은 늙은 대가 레오나르도 다 빈치를 흐뭇하게 했답니다.

당시 라파엘로는 그림도 잘 그리고 예절 바르고 겸손해서 칭찬이 자자했어요. 특히 사람들은 라파엘로가 최근에 그린 〈마돈나*〉에 크게 감동하고 있었어요.

"마치 아름다운 여인이 나에게 달콤한 사랑의 말을 속삭이고 있는 것 같아."

라파엘로가 그린 〈마돈나〉에 대한 소문은 온 나라 안에 퍼졌어요. 그의 인기는 아무도 넘볼 수 없는 경지에 이르렀지요.

"〈마돈나〉 따위는 우리 선생님의 〈모나 리자〉에 비하면 아무것도 아니야."

사라이는 프란체스코에게 불평을 터뜨렸어요.

"물론이죠. 〈모나 리자〉에 견줄 그림은 이 세상 그 어디에도 없어요. 그런데 왜 이곳 사람들은 그걸 모를까요?"

흥분한 프란체스코의 목소리는 사라이보다 더 컸어요.

"교황님이 라파엘로를 편애하시기 때문이야. 그림이 뭔지 제대로 알지도 못하면서 손끝의 재주만 지닌 사람을 평가하시다니……."

사라이는 마침내 교황에 대한 불평까지 쏟아 놓고 말았어요. 하지만 제자들의 불만에도 불구하고 다 빈치는 교황의 관심 밖으로 밀려나 있었답니다.

그 해 가을, 뜰을 거닐다가 실내로 들어온 다 빈치는 제자들을 불렀어요.

"날씨가 무척 좋은데 바람을 쏘이면서 기분도 전환할 겸 소풍이

*기법
기교와 방법, 또는 기교를 나타내는 방법.

*마돈나
그리스도의 어머니 성모 마리아를 달리 부르는 말이에요.

 나 가자꾸나. 조로아스트로 넌 새장을 가지고 나오너라."
 새장은 왜 가지고 가자는 걸까요? 제자들은 궁금했지만 말없이 다 빈치가 시키는 대로 했어요.
 오랜만의 나들이는 발걸음도 가볍게 했어요. 야외의 넓은 들판에는 온갖 풀꽃이 아름답게 피어 있었고 나비와 벌들이 떼 지어 날고 있었어요. 또 푸른 하늘에는 새들이 즐겁게 지저귀고 있었답니다.
 "여기가 좋겠군. 모두들 앉자."
 다 빈치는 제자들을 풀밭에 빙 둘러 앉게 했어요. 그러고는 새장 안에서 비둘기 한 마리를 꺼내어 하늘 높이 날려 보냈어요.
 "자네들은 새처럼 날고 싶다는 상상을 해 본 일이 있는가?"
 다 빈치가 제자들을 둘러보며 물었어요.

▶ 미켈란젤로가 그린 시스티나 성당 천장 벽화.

"선생님, 어려서 그런 생각을 안 해 본 건 아니지만, 어떻게 날개도 없는 사람이 하늘을 날겠습니까?"

사라이는 스승의 표정을 살피며 조심스레 말했어요.

"물론 사람에겐 날개가 없지. 그렇지만 날개 대신 지혜가 있지 않은가. 지혜와 노력만 있다면 무엇이든 할 수 있다네. 그동안 사람들은 지혜의 힘으로 불가능한 것을 가능하게 만들지 않았나?"

제자들은 고개를 끄덕였어요.

다 빈치는 비록 백발의 노인이었지만 꿈을 포기하지 않고 있었던 거예요. 항상 새로운 것에 도전하고 싶어했어요.

"사람도 새처럼 날 수 있다면 얼마나 좋겠는가? 세상에 불가능한 일은 없다네. 언제가 될지는 모르지만 사람은 반드시 하늘을 날 수 있을 걸세."

조국을 떠나는 늙은 예술가

1516년, 예순네 살이 된 다 빈치는 제자들을 불렀어요.
"우리가 로마에 온 지 벌써 3년이 지났군. 그러나 여기서 우리가 한 일은 아무것도 없었네. 그래서 나는 여길 떠나려고 한다네."
"사람들이 선생님을 몰라보는 이유를 잘 모르겠습니다."
사라이가 제자들을 대표해서 말했어요.
"이보게들, 나를 초청해 준 네무르 공은 이미 세상을 떠났고, 이곳에는 라파엘로와 미켈란젤로라는 두 천재가 버티고 있네. 교황은 말할 것도 없고 시민들도 나보다는 미켈란젤로나 라파엘로를 더 알아주지 않나? 그러니 그 둘에게 자리를 내주고 깨끗이 떠나는 게 늙은이의 도리가 아니겠는가? 나를 알아주지 않는다고 불평이나 하는 것은 추한 모습이라네. 난 내가 필요한 곳으로 가고 싶네."
다 빈치의 슬픈 표정을 본 사라이는 마음이 아팠어요.
"하지만 선생님, 이탈리아에는 선생님이 계실 만한 좋은 곳이 없습니다. 밀라노는 아직 전쟁이 끝나지 않았고 피렌체도 형편없이 쇠퇴한 도시가 되지 않았습니까?"
다 빈치가 차분하게 대답했어요.
"그래서 나는 아예 다른 나라로 가려는 걸세."
"다른 나라로 가시다니요? 어느 나라 말씀입니까?"
다른 나라로 간다는 다 빈치의 말에 사라이와 프란체스코는 깜짝 놀랐어요.

"조국을 떠나고 싶은 사람이 어디 있겠는가? 하지만 이곳에는 나를 알아주는 사람도, 그림을 이해해 주는 사람도 없지 않은가? 나는 나를 이해해 주고 내 그림을 알아주는 사람들이 있는 곳에 가서 죽는 날까지 열심히 일하고 싶다네. 그것이 내가 마지막으로 조국을 위해 할 일이 아니겠나?"

"선생님, 저희들이 무슨 일을 해서라도 선생님을 편히 모시겠습니다. 그러니 제발 외국으로 떠나시겠다는 말씀만은 거두어 주십시오."

사라이가 울먹이며 말했어요.

"선생님, 제발 그 말씀만은 거두어 주십시오."

프란체스코도 진심으로 말렸어요.

"고맙지만 난 더 이상 자네들의 신세를 지며 살고 싶지는 않네."

다 빈치의 태도는 단호했어요.

"그럼 어디로 가실 생각이십니까?"

아무래도 스승의 뜻을 꺾을 수 없다는 것을 알게 된 사라이가 다시 물었어요.

"사실은 지난해에 왕위에 오른 프랑수아 1세 황제께서 프랑스로 오라고 하신다네. 나같이 늙은 사람도 프랑스 예술의 발전에 쓸모가 있다고 생각하신 것 같아. 사라이, 자네도 나와 함께 가지 않겠나?"

다 빈치가 조심스럽게 사라이에게 물었어요.

"선생님, 저는 이제 아무 쓸모도 없습니다. 짐만 될 거예요."

사라이는 울먹거리며 대답했어요.

"아니, 자네 그게 무슨 말인가? 자네는 28년이나 나를 보살펴 주지 않았는가?"

"선생님, 저도 이젠 너무 늙었답니다. 붓 하나도 제대로 놀릴 수가 없습니다. 게다가 몸마저 약해져서 프랑스까지 갈 자신이 없

▲레오나르도 다 빈치 그림, 〈노인과 청년의 옆모습〉.

습니다."

사라이는 눈물을 흘리며 고개를 떨어뜨렸어요. 조로아스트로도 역시 스승을 따를 수 없다며 울음을 터뜨렸어요.

"자넨 어떤가?"

다 빈치는 마지막으로 젊은 프란체스코에게 물었어요.

"저는 선생님과 함께 가겠습니다."

프란체스코는 다 빈치와 함께 떠나기로 마음먹었답니다.

다음 날 다 빈치와 프란체스코는 프랑스로 가기 위해 길을 나섰어요. 피렌체와 프랑스로 나뉘는 갈림길에 이르자 사라이와 조로아스트로는 피렌체로 돌아가겠다고 했어요.

"선생님, 부디 건강하세요. 그리고 그곳 생활이 지겨워지시면 언제든 저희가 있는 피렌체로 오십시오. 기다리고 있겠습니다."

조로아스트로가 말했습니다.

"선생님, 부디 안녕히 가십시오."

사라이와 조로아스트로가 울면서 인사를 했어요.

"자네들 그동안 정말 고마웠네. 내가 베푼 것도 없이 신세만 져서 얼마나 미안한지 모르겠네. 부디 모두 건강하게 잘 지내시게."

아쉬운 작별을 하고 다 빈치와 프란체스코는 프랑스를 향해 길을 떠났어요.

'예전에는 그토록 건강하고 당당하셨건만, 이젠 바람만 조금 불어도 기침을 하시고 허리도 제대로 펴지 못하시는구나. 아, 언제나 다시 만나게 될 수 있을지 모르겠구나!'

사라이와 조로아스트로는 멀어져 가는 늙은 스승의 쓸쓸한 뒷모습을 바라보며 몇 번이나 고개를 조아렸답니다.

사라이, 조로아스트로와 헤어진 다 빈치와 프란체스코는 말을 몰아 여러 날 만에 겨우 몽스니라는 마을에 도착했어요. 드디어 이탈리아와 프랑스의 국경에 도착한 것이랍니다.

▲프랑스로 가기 위해 다 빈치가 넘었던 알프스 산.

　이제부터는 눈 덮인 알프스 산을 넘어가야 했어요. 다 빈치는 프란체스코의 도움을 받으며 가까스로 고갯마루에 올라섰습니다. 다 빈치는 말을 세워 놓고 뒤를 돌아보았어요.
　그 순간 다 빈치는 슬픔으로 가슴이 찢어져 나가는 것만 같았어요. 산 아래에는 조국의 강과 들이 평화롭게 펼쳐져 있었지요.
　'내 사랑하는 조국 이탈리아여! 부디 잘 있어라. 영원토록 평화와 예술을 사랑하는 나라가 되길…….'
　다 빈치는 속으로 외쳤습니다. 하지만 막상 사랑하는 조국을 떠난다고 생각하니 발길이 떨어지지 않았어요.
　"선생님, 이 고개만 넘으면 프랑스로 들어가게 됩니다."
　프란체스코는 늙은 스승의 마음을 아는지 모르는지 이렇게 말했습니다. 프란체스코에게는 다시 조국으로 돌아올 기회가 올 수도 있겠지만, 늙은 다 빈치는 이제 떠나면 조국과 영영 헤어지게 될 것 같은 생각이 들었어요.
　조국 땅을 한참이나 바라보던 다 빈치와 프란체스코는 말머리를 돌려 눈 덮인 험한 고개를 다시 넘기 시작했습니다.

지혜는 경험의 시녀

▲ 레오나르도 다 빈치가 생애의 마지막 순간들을 보낸 프랑스의 앙부아즈 마을(위)과 앙부아즈 성.

1517년 5월, 레오나르도 다 빈치와 프란체스코는 봄이 되어서야 프랑스에 도착했어요.

프랑스를 다스리고 있던 프랑수아 황제는 이제 스무 살 갓 넘은 젊은이였어요. 하지만 나라를 발전시키겠다는 의욕은 그 누구보다도 대단했지요. 다 빈치는 프랑수아 황제를 만나기 위해 그가 살고 있는 앙부아즈 성으로 찾아갔어요. 앙부아즈 성은 굉장히 크고 아름다운 성이었답니다.

"먼 길 오시느라 수고 많았소. 이제부터 내 사랑하는 프랑스를 위해 당신의 힘이 닿는 데까지 학문과 예술을 연구해 주시오. 필요한 것은 뭐든 내가 도와드리겠으니 말씀만 하시오."

프랑수아 황제는 늙은 천재 화가 다 빈치에게 아낌없는 지원을 약속했어요.

다 빈치는 궁전 화가로 일하면서 운하 설계와 궁전 행사의 지휘까지 맡아보게 되었어요. 다 빈치는 지치는 줄 모르고 열심히 일을 했어요. 그러다 보니 건강은 눈에 띄게 나빠져 갔어요.

어느 무더운 여름날, 다 빈치는 프란체스코를 불렀어요.

"프란체스코, 내 손이 자꾸만 떨려서 붓을 잡을 수가 없다네. 해야 할 일은 태산같이 쌓여 있는데 정말 걱정일세."

다 빈치의 목소리는 전에 없이 힘없고 쓸쓸했어요.

"선생님은 그동안 일을 너무 많이 하셨습니다. 한동안 편히 쉬고

나면 거뜬해지실 겁니다. 말을 타고 나가셔서 들판이라도 거닐어 보세요. 너무 걱정만 하지 마시고요."

프란체스코는 이렇게 위로했지만 속으로는 다 빈치의 건강을 크게 걱정하고 있었어요.

"자네 말처럼 된다면 얼마나 좋겠는가. 하지만 이젠 말을 타고 들판을 거닐기는커녕 말 등에 올라갈 힘조차 없다네."

다 빈치는 서글픈 미소를 지었어요.

▲밀라노의 국립과학기술박물관 안에 있는 다 빈치 관.

손이 떨려서 그림을 그리기 어려워진 다 빈치는 그동안 연구해 온 과학 자료들을 꺼내어 하나하나 정리하기 시작했어요. 물리·수학·역학*·광학*·천문학·지리학·해부학·기계공학·식물학·수리학* 등의 연구 자료는 어찌나 많은지 마치 산더미 같았어요. 그러는 동안에도 건강은 날마다 더 나빠져만 갔어요. 아무것도 할 수가 없어서 그저 창밖만 물끄러미 내다보고 있는 날도 많았어요. 그런 그의 모습은 마치 죽음을 맞이할 준비를 하고 있는 사람처럼 보였답니다.

그러던 어느 날, 프랑수아 황제가 다 빈치를 찾아왔어요.

"다 빈치 선생은 어디 계신가?"

프랑수아 황제가 프란체스코에게 물었어요.

"지금 서재에서 연구 자료를 정리하고 계십니다. 하지만 건강이 너무 나빠지셔서 큰 걱정입니다."

프란체스코가 대답했어요.

"나도 사실은 선생의 건강이 걱정돼서 이렇게 찾아왔다네."

프란체스코는 프랑수아 황제를 서재로 안내했어요. 황제가 몸소 자기 집까지 찾아오자 다 빈치는 당황했어요.

다 빈치는 비틀거리며 의자에서 간신히 일어나 황제에게 인사를 했습니다.

*역학
물체의 운동에 관한 법칙을 연구하는 학문으로, 물리학의 한 분야. 힘의 평형을 다루는 정역학, 힘과 운동의 관계를 다루는 동역학, 운동만을 다루는 운동학이 있어요.

*광학
빛의 성질과 현상을 연구하는 물리학의 한 분야예요.

*수리학
수학과 자연 과학을 함께 이르는 말

"편찮으시다기에 찾아왔소. 편히 앉아 계시오."

프랑수아 황제는 금세 쓰러질 것 같은 다 빈치를 부축해서 의자에 앉혀 주고 자신은 맞은편에 앉았어요. 그 순간 프랑수아 황제의 눈에 다 빈치의 뒤편 벽에 걸린 〈모나리자〉 그림이 눈에 들어왔어요.

프랑수아 황제가 다 빈치에게 물었어요.

"저 초상화는 처음 보는데……. 아름다운 부인이군요."

"1년 전까지 제가 그리던 어느 부인의 초상화랍니다. 그런데 끝을 맺지 못했지요. 미완성이기는 하지만 어쩌면 제가 그린 마지막 그림이 될지도 모르겠습니다."

다 빈치는 슬픈 얼굴로 대답했어요.

"신비로운 미소를 지닌 부인이구려. 모델은 누구요?"

프랑수아 황제는 그 그림의 주인공이 누구인지 궁금했어요.

"피렌체에 사는 조콘다라는 사람의 아내 리자 부인입니다. 그림이 완성되기 전에 남편을 따라 외국 여행을 떠났다가 갑자기 돌아가시고 말았지요."

"저런, 그런 일이 있었군요."

프랑수아 황제는 몹시 안타까웠어요. 하지만 프랑수아 황제가 애석해 한 것은 리자 부인의 죽음이 아니었답니다. 황제는 다 빈치가 그림을 완성하지 못한 것을 안타까워했어요.

다음 날 아침, 궁중의 문화 담당 신하가 다 빈치를 찾아왔습니다.

"폐하께서는 선생의 그림 〈모나리자〉에 큰 감명을 받으셨답니다. 그 그림을 4만 프랑 정도에 사고 싶다고 하십니다."

"그리다가 만 남의 초상화를 어디에다 쓰시려고요?"

다 빈치는 의아해 했어요.

"아마 박물관이나 미술관에 기증하실 생각이시겠죠."

하지만 다 빈치는 신하가 기대했던 것과는 전혀 다른 대답을 했

▲앵그르 그림, 〈레오나르도 다 빈치의 죽음〉.

어요.

"값이 문제가 아니라 이 초상화는 누구에게도 주고 싶지 않답니다. 폐하께 만족스런 답을 드리지 못해 정말 죄송합니다."

그런 일이 있은 후에도 프랑수아 황제는 다 빈치에게 의사를 보내 다 빈치의 건강을 돌보게 했어요. 그리고 황제 자신도 자주 찾아와 병문안을 하고 갔답니다.

그때마다 프랑수아 황제는 〈모나리자〉에서 눈을 떼지 못했어요. 마침내 황제는 〈모나리자〉를 자기에게 팔지 않겠느냐고 직접 물었어요. 하지만 다 빈치는 조용히 고개를 가로저었어요.

"폐하, 제가 살아 있는 동안은 저 초상화를 갖고 있고 싶습니다. 제가 죽은 뒤에는 가지셔도 좋습니다. 저는 이제 살 날이 얼마 남지 않았지만 폐하께선 젊으시니까 제가 죽은 뒤에도 오래 사실 것 아닙니까?"

다 빈치는 자신이 세상을 떠난 뒤에 〈모나리자〉의 주인이 될 사람은 프랑수아 황제밖에 없다고 생각했어요. 예술품은 그 가치를 아는 사람이 지닐 때에만 값어치가 있다고 생각했지요. 다 빈치에게 돈은 아무 관심도 없었어요.

다 빈치가 이렇게 대답하자 황제는 무척 당황했어요.

"그게 무슨 당치도 않은 말씀이요? 짐은 선생께서 오래도록 건강하게 살기를 진심으로 원한다오."

"아닙니다, 폐하. 저는 이제 너무 늙고 병까지 들었습니다. 이렇게 병든 몸으로 폐하께 심려*만 끼치게 되어 정말 죄송합니다. 저를 불러 주시고 돌봐 주신 폐하의 큰 은혜는 죽어서도 결코 잊지 못할 것입니다. 부디 프랑스를 자유와 평화가 넘치고 학문과 예술이 발달한 나라로 만들어 주십시오. 프랑스는 이 늙은이에게 제2의 고향이나 같습니다."

간신히 말하고 눈을 감는 다 빈치의 얼굴은 금세 눈물로 얼룩졌

*심려
마음속의 근심.

습니다.

그로부터 꼭 일 주일이 지났어요. 다 빈치는 유언장을 썼답니다.

> 내가 가진 모든 것을 제자 프란체스코에게 넘긴다.
> 단, 〈모나리자〉는 프랑수아 황제께 드린다.

다 빈치는 유언장을 쓴 지 사흘 만에 자리에 누워 버렸어요. 그러고는 영영 일어나지 못했답니다.

1519년 5월 2일 아침, 다 빈치는 프란체스코가 지켜보는 가운데 마치 잠든 사람처럼 영원히 눈을 감았지요. 위대한 예술가이면서 천재 과학자인 레오나르도 다 빈치는 평생을 독신으로 살다가 67세의 나이로 일생을 마쳤어요.

프란체스코는 다 빈치의 유언에 따라 여러 유품들을 물려받았어요. 그 중에서도 일기장을 가장 소중하게 여겼답니다. 그 일기장에는 '지혜는 경험의 시녀'라는 말이 적혀 있었어요. 이 신념이 레오나르도 다 빈치를 르네상스 시대 최고의 예술가이자 만능 천재 과학자로 만들었던 거예요.

다 빈치가 죽었다는 소문을 들은 프랑수아 황제는 곧바로 달려왔어요. 프랑수아 황제는 다 빈치가 죽기 전에 한 번이라도 더 보지 못한 것을 안타까워했어요. 황제의 눈에서는 굵은 눈물이 뚝뚝 떨어졌어요.

한참 동안 어깨를 들썩이며 슬퍼하던 황제는 눈을 들어 벽에 걸린 〈모나리자〉를 바라보다가 깜짝 놀랐어요.

"정말 이상한 일이구나. 〈모나리자〉를 지금까지 여러 번 봐 왔지만 오늘처럼 저렇게 슬픈 표정을 짓고 있는 것은 처음이네."

프랑수아 황제는 프란체스코의 어깨에 가만히 손을 얹으며 말했

▲다 빈치의 〈모나리자〉 등의 작품이 전시되어 있는 파리 루브르 박물관(위) 전경과 박물관 내부.

어요.

"폐하, 〈모나리자〉는 보는 사람의 기분에 따라 다른 표정을 짓는 그림이랍니다. 바로 혼이 깃든 그림이기 때문입니다. 스승님이 아니면 아무도 해낼 수 없는 일이지요."

프란체스코는 손등으로 눈물을 훔치며 말했어요.

돌아가는 프랑수아 황제를 배웅한 프란체스코는 다시 한 번 〈모나리자〉를 쳐다보았어요.

"리자 부인, 당신은 참으로 신비한 여인이십니다. 행복한 사람에겐 기쁨을 느끼게 하고 불행한 사람은 슬픔에 잠기게 만드니 말입니다. 기쁨과 슬픔을 함께 길어 올리게 하는 샘물 같은 그 미소는 어디서 오는 것입니까? 당신이 남기고 간 그 신비로운 미소는 레오나르도 다 빈치라는 이름과 더불어 영원할 것입니다."

프란체스코가 한 말을 듣기라도 한 것처럼 리자의 얼굴은 마치 환하게 웃는 것 같았어요. 다 빈치의 장례가 끝난 뒤 〈모나리자〉는 프랑수아 황제에게 바쳐졌어요.

〈모나리자〉는 수백 년이 지난 지금까지도 프랑스의 루브르 박물관에 걸려 있답니다. 그리고 박물관을 찾아오는 사람들에게 그 신비한 미소를 나누어 주고 있지요. 레오나르도 다 빈치가 그린 〈모나리자〉는 그만큼 세계 미술사에 빛나는 위대한 그림이었습니다.

한눈에 보는 다 빈치의 생애

레오나르도 다 빈치는 이탈리아가 낳은 르네상스 시대 최고의 화가이자 천재 과학자였어요. 그는 오로지 예술과 과학을 위하여 평생을 혼자 살았답니다. 다 빈치는 그림뿐만 아니라 비행기를 만들겠다는 열정을 가진 과학자이기도 했고, 운하 사업의 설계 감독을 지내기도 했으며 한 나라의 군사 고문을 지내기도 했답니다.

● **이탈리아의 시골 마을 빈치에서**

▲ 레오나르도 다 빈치가 태어난 이탈리아 토스카나 지방의 조그만 시골 마을 빈치.

레오나르도 다 빈치는 1452년 이탈리아 토스카나 지방의 조그만 시골 빈치라는 마을에서 태어났어요. 그는 어릴 적부터 그림에 남다른 재능을 보였어요.

사생아(부모님이 정식으로 결혼하지 않고 낳은 아이)로 태어난 그에게 그림 그리는 재주가 있다는 것은 퍽 다행스러운 일이었어요. 왜냐하면 그 당시 이탈리아에서 사생아가 가질 수 있는 직업은 별로 없었기 때문이지요. 의사나 법관 같은 어엿한 직업은 아예 법으로 금지되어 있었답니다.

다 빈치는 다섯 살이 되었을 때 신부님의 주선으로 부자인 할아버지 댁으로 들어가게 되었고 그곳에서 처음 아버지를 만났어요.

▼ 1490년경의 피렌체 시내.

한번은 다 빈치가 메두사라는 괴물 그림을 그렸지요. 얼마나 생생하고 섬뜩했는지 그림을 본 아버지는 그만 파랗게 질려 엉덩방아를 찧고 말았어요. 그 일은 아버지가 다 빈치의 재능을 눈여겨보는 계기가 되었지요. 그때부터 다 빈치는 아버지의 지원을 받으며 본격적인 그림 공부를 시작하게 됩니다.

● 베로키오의 공방

다 빈치의 아버지는 아들의 손을 이끌고 베로키오라는, 당시 피렌체에서 제일 이름난 예술가에게 데려 갔어요. 다 빈치는 6년 동안 그곳에서 스승의 일손을 도우며 수련을 쌓았어요.

그러던 어느 날, 다 빈치는 스승 베로키오가 그리다 만 작품에 손을 대서 완성을 했어요. 스승과 제자가 그림 한 점을 함께 그린 셈이었지요. 바로 〈예수 세례〉라는 그림이었어요. 이날 이후 베로키오는 제자 다 빈치의 솜씨를 보고 몹시 놀랐어요. 그리고 다시는 붓을 들지 않고 조각 작품에만 전념했다고 합니다.

▲이탈리아 스칼라 극장에 세워진 레오나르도 다 빈치 상.

● 화려한 고대 예술의 부활 '르네상스'

당시 이탈리아에서는 고대 그리스 시대처럼 인간의 아름다움을 표현하는 문예 부흥 운동이 일어났어요. 그것을 '르네상스'라고도 부른답니다.

르네상스가 가장 처음 일어난 피렌체의 시민들은 자신들이 이 세상에서 가장 자유로운 공기를 마시고, 가장 자유로운 사상을 지녔다는 확신을 갖고 있었어요.

피렌체는 바로 다 빈치가 미술 공부를 시작한 도시이기도 하지요.

▲안드레아 델 베로키오가 제작한 흉상 〈로렌초 데 메디치〉.

▲문예 부흥기에 피렌체의 예술가들을 후원한 메디치 가의 대저택.

● 르네상스 시대의 예술가들

다 빈치의 공방 선배였던 보티첼리는 어느 날 놀라울 만큼 사랑스러운 그림을 완성했어요. 바로 사랑의 여신 비너스가 알몸으로 서 있는 그림이었지요. 다른 신을 인정하지 않는 기독교 사회에서 아무 것도 걸치지 않은 여신을 그리다니요! 그러나 예술가 친구들은 보티첼리를 격려하고 찬사를 보냈습니다. 그것은 르네상스 시대의 본격적인 시작을 의미했어요.

▲레오나르도 다 빈치 그림, 〈수태고지〉.

르네상스 시대에 가장 빛나는 화가들을 꼽으라면 단연 레오나르도 다 빈치와 미켈란젤로, 라파엘로입니다. 그밖에도 브루넬레스키, 비베르티, 도나텔로, 베로키오, 안젤리코, 보티첼리 등의 화가들이 이 시대의 예술을 환하게 밝혀 주었어요.

● 만능 발명가이자 천재 화가인 레오나르도 다 빈치

피렌체의 예술 후원자인 메디치 가는 일찌감치 다 빈치의 재능을 알아보았지만 뭔가 서로 마음이 맞지 않았던지 다 빈치에게는 인색했어요.

▲베로키오와 다 빈치 그림, 〈예수 세례〉.

▲레오나르도 다 빈치 그림, 〈모나리자〉.

▲보티첼리 그림, 〈비너스의 탄생〉.

한눈에 보는 다 빈치의 생애

▲ 레오나르도 다 빈치가 생애의 마지막 순간들을 보낸 프랑스의 앙부아즈 마을(위)과 앙부아즈 성.

◀ 레오나르도 다 빈치 그림, 〈흰 담비를 안은 여인〉.

서른 살이 된 다 빈치는 북부 이탈리아의 부유한 도시 밀라노로 갔어요. 그곳에서는 스포르차 공작이 예술가들을 후원하고 있었어요.

다 빈치는 스포르차 공작에게 보내는 자기소개서에다 어떤 일이든 할 수 있다고 큰소리를 쳤어요. 교량, 무기와 대포, 공공 건축과 수로 건설, 대형 기마상 만드는 일 등. 결국 그는 스포르차 궁정에 들어가 후한 대우를 받으며 다양한 일을 하게 되었지요. 다 빈치는 눈코 뜰 새 없이 바쁜 생활 중에도 틈틈이 〈최후의 만찬〉을 그렸어요.

▲ 라파엘로 그림, 〈마돈나〉.

다시 피렌체로 돌아온 다 빈치는 아름다운 초상화 〈모나리자〉를 그렸습니다. 이 그림이 유명해진 것은 바로 〈모나리자〉의 미소 때문이에요. 상냥한 표정이 살풋이 묻어나는 미소는 볼수록 신비롭고 포근하지요. 붓으로 그렸다는 사실이 차마 믿어지지 않을 만큼 여인의 고운 마음씨가 물씬 전해져 옵니다.

● 이국에 묻은 다 빈치의 꿈

빈치에서 피렌체로, 다시 밀라노와 만토바, 베네치아, 로마 등…… 다 빈치는 평생 떠돌아 다니는 생활을 했어요. 로마에서 머무를 때에는 자신보다 훨씬 어린 라파엘로의 천재성을 인정해 주었지요. 때마침 다 빈치의 예술의 진가를 알아본 프랑스의 프랑수아 1세가 그를 초빙하여 그는 고국을 떠나게 됩니다.

다 빈치는 프랑스의 앙부아즈 마을에서 생의 마지막 순간들을 보내며 그곳에서 임종을 맞이했습니다.

▲ 이탈리아 밀라노에 있는 다 빈치 기념 국립과학기술박물관.

▲ 국립과학기술박물관에 전시된 다 빈치의 발명품과 설계도.

레오나르도 다 빈치처럼 생각하기

▲ 꽃의 세밀화.

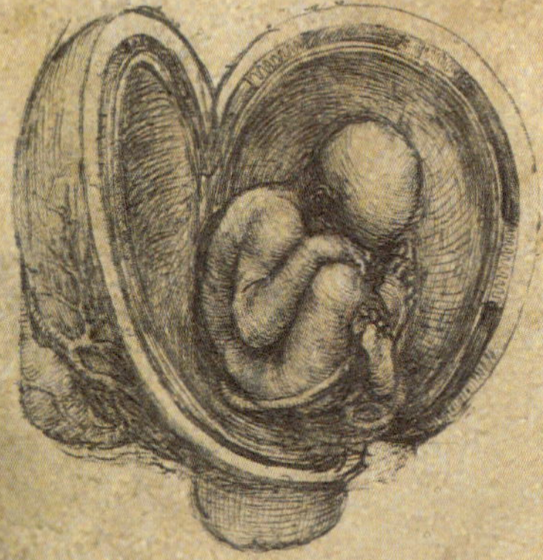

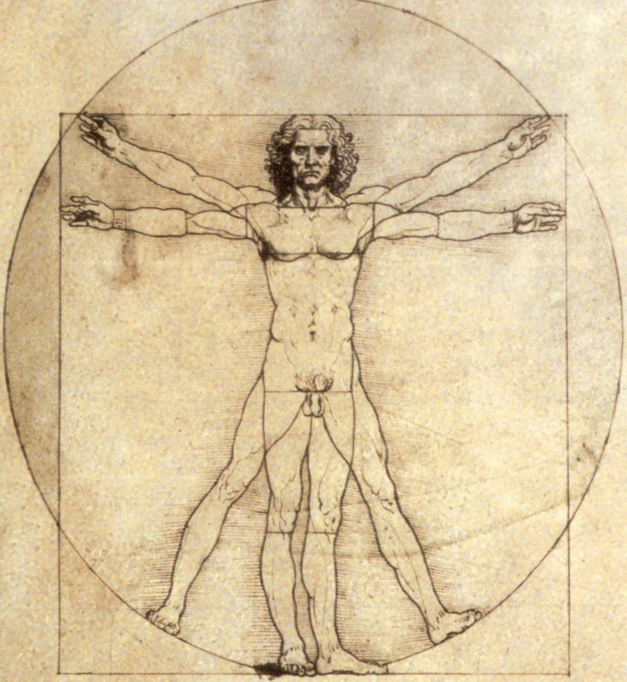

▲ 인체 비례도.

▲ 자궁 속 태아.

▶ 낫이 달린 공격용 수레.

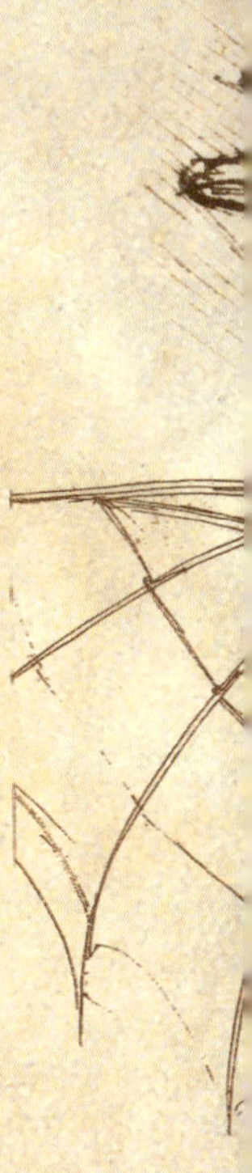

▲ 오늘날의 자동차와 흡사한 바퀴 동력 전달장치 모형.

　오늘날 세계의 제일가는 부자가 된 컴퓨터의 황제 빌 게이츠는 1994년 11월, 레오나르도 다 빈치의 노트 18장을 3천 8만 달러에 사들였답니다. 우리 나라 돈으로 360억 원에 달하는 가격이지요. 그 어마어마한 가격으로 다 빈치의 노트를 사들인 이유는 과연 무엇이었을까요?

　레오나르도 다 빈치는 아이디어가 떠오르거나, 사물에 대해 새로운 점을 발견하면 그때마다 보고 느낀 점을 곧바로 기록하기 위해 항상 노트를 갖고 다녔다고 해요. 그 노트는 바로 다 빈치가

▲ 구명 조끼.

◀ 비행 기계 설계도.

▲ 수동 동력전달 장치에 의한 목제 비행체.

▲ 자전거 모형.

▲ 오르니톱터 모형.
새의 날개처럼 움직이는 날개 형태의 기구.

자신의 창조적이며 기발한 아이디어를 차곡차곡 챙겨 모아 둔 생각 주머니이기 때문이지요.

다 빈치는 우리 인간의 두뇌의 양면, 즉 왼쪽 뇌와 오른쪽 뇌를 동시에 개발해서 한 인간이 생각할 수 있는 능력의 최대치를 발휘했어요. 그리하여 그는 예술·조각·생리학·일반과학·건축·기계학·해부학·물리학·발명·기상학·지질학·공학·항공 등 매우 다양한 분야에서 당대의 가장 뛰어난 사람이 되었고, 또한 연주·작곡·노래에도 능했습니다.

그는 사람이 할 수 있는 개별적인 재능들을 결합시키는 데 자신의 노트와 생각법을 잘 활용했어요. 그의 과학 노트는 3차원적 그림과 재미있는 영상들로 가득해요. 그의 위대한 미술 작품들에 대한 최종 구상은 종종 건축 도면처럼 직선, 삼각형, 곡선 그리고 수학적이고 논리적이며 정확한 수치를 나타내는 숫자들로 채워져 있지요.

두뇌를 연구하는 학자들이 밝혀 낸 바에 의하면, 우리의 두뇌는 학습 과정에서 다음과 같은 것들을 잘 기억한다고 합니다.

① 학습 단계 중 제일 처음 받아들인 것('초기 효과'라고 해요.)
② 학습 단계 중 제일 마지막에 받아들인 것('최근 효과'라고 해요.)
③ 이미 알고 있거나 현재 학습하고 있는 것의 다른 면들과 연결되어 있는 것
④ 눈에 띄거나 독특한 방법으로 강조된 것
⑤ 오감 중 하나에 특히 강하게 호소하는 것
⑥ 특히 자신의 관심을 끄는 것

다 빈치는 마르지 않는 샘물처럼 솟아오르는 생각들을, 위와 같은 요소를 잘 살려 노트에 적어 놓음으로써 자신의 능력을 최대한 발휘할 수 있었답니다.

레오나르도 다 빈치 (1452~1519) 연표

	레오나르도 다 빈치의 생애	한국사 주요 사건	세계사 주요 사건
1452	4월 15일 이탈리아 피렌체 북쪽 빈치에서 태어남.	김종서 등이 〈고려사절요〉 편찬.	동로마(비잔틴) 제국 멸망(1453).
1457	어머니와 헤어져 할아버지 댁에 감.	단종, 영월로 유배.	장미전쟁 발발(1455~1485).
1466	피렌체의 화가 베로키오의 제자가 됨.	직전법 실시.	
1471	밀라노 스포르차 공작의 환영식에서 리라를 연주함.	남이·강순 등이 반역으로 사형됨(1468).	
1472	피렌체 화가 협회 회원이 됨.		
1473	첫 소묘 작품으로 알려진 풍경화 그림 완성.	개찬한 〈경국대전〉과 〈속록〉을 반포(1474).	이사벨라가 카스티야의 여왕이 됨(1474).
1477	베로키오 문하를 떠남.		낭시의 전투로 부르고뉴 공 패사.
1482	스포르차 공작의 초청으로 밀라노에 감.	서거정 등이 〈동국여지승람〉 50권을	포르투갈 인 콩고 강 어귀를 점령.
	군사 고문으로 일하며 〈어두운 동굴의 성모〉를 그림.	찬진(1481).	유럽 인의 아프리카 진출 시작.
1484	다 빈치의 스승 베로키오 사망.	〈동국통감〉 완성.	
1485	흑사병이 밀라노를 휩씀.	〈경국대전〉 최종본 반포.	장미전쟁 끝나고 튜더 왕조 시작.
1489	해부학 연구를 시작.		
1493	다 빈치의 〈기마상〉 모형이 전시됨.	〈악학궤범〉 완성.	콜럼버스, 제2차 항해.
1495	산타마리아 델라 그라치에 수도원에서	무오사화(1496).	보름스 국회 개최.
	〈최후의 만찬〉 벽화 그리기 시작.		
1497	〈최후의 만찬〉 완성.		아메리고 베스푸치의 제1차 항해.
1499	프랑스 군대가 밀라노로 진격해서 스포르차를 축출함.	상평창 설치(1498).	프랑스 왕 루이 12세, 밀라노 정략.
	다 빈치는 만토바와 베네치아를 거쳐서	김감불, 김검동 등이 연철에서 은을	바젤 화약에서 스위스의 독립 승인.
	피렌체에 도착.	분리하는 제련법을 발명(1503).	
	수학에 심취하고 새의 비행을 연구함.		
1500	피렌체에서 〈성 안나와 성 모자〉를 그리기 시작함.		티무르 제국 멸망.
1504	피렌체에서 미켈란젤로와 함께 베키오 궁전에	갑자사화.	
	〈앙기아리 전쟁〉을 그리기 시작.		
	다 빈치의 아버지, 79세로 사망.		
1505	벽화 중단.		포르투갈 초대 인도 총독 아르메이다 부임.
1506	〈모나 리자〉를 그림.		
	루이 12세의 부름으로 밀라노로 다시 감.	중종반정.	
1507	프랑스 궁중 화가 겸 기술자로 일함.	이과 등이 반란을 꾀하다 발각되어 옥사.	
1513	네무르 공의 초청을 받아 제자들과 함께 로마로 감.		마키아벨리의 〈군주론〉 출간.
	최초로 헬리콥터 모형 구상.		
1517	다 빈치를 적극적으로 후원하던 줄리아노 데	김안국이 〈여씨향약〉을 간행하여 반포.	마틴 루터에 의한 종교개혁 일어남.
	메디치가 죽고 다 빈치는 마지막 거처를	소격서를 혁파하고, 소장한 그림을	코르테스의 멕시코 정복 시작.
	프랑스로 잡음.	도화서에 이장(1518).	맘루크 왕조 멸망.
	프랑스의 프랑수아 황제의 호의로 앙부아즈 성의		
	궁전 화가 겸 궁전 행사 지휘자로 일함.		
1519	프랑스에서 세상을 떠남(67세).	기묘사화.	마젤란, 세계일주(~1522).

• 책을 읽고 나서 생각해 보세요 •

① 다 빈치가 방패에 그린 그림을 보고 아버지가 깜짝 놀랐던 그림은 무슨 그림이었나요?

② 다 빈치는 빈치 마을을 떠나 피렌체로 가서 누구에게 처음으로 그림을 배웠나요?

③ 당시 피렌체에서부터 일어난 인간중심적이고 자유로운 예술을 부활시키려는 문예 운동을 다른 말로 무엇이라고 하나요?

④ 다 빈치가 피렌체에서 밀라노로 가게 된 계기는 무엇이었나요?

⑤ 밀라노의 스포르차 공작은 다 빈치의 어떤 재능을 높이 샀나요?

⑥ 〈최후의 만찬〉은 누구의 부탁으로 어디에 그린 벽화입니까?

⑦ 〈최후의 만찬〉 그림을 그릴 때 예수와 유다의 얼굴을 그리지 못했던 이유는 무엇이었나요?

⑧ 피렌체로 돌아간 다 빈치가 베키오 궁전에서 벽화를 그리고 있을 때 그 맞은편에서는 누가 또 벽화를 그리고 있었을까요?

⑨ 다 빈치가 피렌체 베키오 궁전 벽에 그리던 그림은 무슨 그림이었나요?

⑩ 다 빈치와 그의 제자 사라이가 사형을 당할 뻔했던 이유는 무엇인가요?

⑪ 밀라노를 떠나 로마에 온 다 빈치가 온종일 하늘을 날아다니는 새들의 모습을 관찰한 이유는 무엇이었을까요?

〈교과서 큰 인물 이야기〉 교과 수록 및 연계표

테마	권	작품	교과 수록 및 연계
의지와 기상	01	광개토대왕	초등학교 읽기 5-1 8.함께하는 세상 166쪽, 사회과 탐구 5-1 1.하나 된 겨레 20쪽, 중학교 역사(상) Ⅱ.삼국의 성립과 발전, 대교 42쪽
	02	을지문덕	초등학교 사회과 탐구 5-1 1.하나 된 겨레 28쪽, 중학교 역사(상) Ⅲ.통일 신라와 발해, 두산동아 71쪽
	03	계백	중학교 역사(상) Ⅲ.통일 신라와 발해, 대교 78쪽
	04	김유신	초등학교 사회과 탐구 5-1 1.하나 된 겨레 30쪽, 중학교 역사(상) Ⅲ.통일 신라와 발해, 두산동아 74쪽
	05	강감찬	초등학교 듣기·말하기·쓰기 4-2 2.하나씩 배우며 34쪽, 중학교 역사(상) Ⅳ.고려의 성립과 발전, 두산동아 104쪽
	06	이순신	초등학교 사회과 탐구 5-1 3.유교 전통이 자리 잡은 조선 102쪽, 도덕 6 1. 귀중한 나, 참다운 꿈 19쪽
	07	알렉산더	중학교 역사(상) Ⅶ.통일 제국의 형성과 세계 종교의 등장, 대교 235쪽
	08	나폴레옹	초등학교 생활의 길잡이 3-2 1.소중한 나 17쪽
	09	칭기즈 칸	중학교 역사(상) Ⅸ.교류의 확대와 전통 사회의 발전, 대교 288쪽
지혜와 용기	10	장보고	초등학교 읽기 4-2 5.정보를 모아 98쪽, 사회과 탐구 5-1 1.하나 된 겨레 34쪽, 중학교 역사(상) Ⅲ.통일 신라와 발해, 대교 96쪽
	11	왕건	초등학교 사회과 탐구 5-1 2.다양한 문화를 꽃피운 고려 44쪽, 중학교 역사(상) Ⅳ.고려의 성립과 발전, 두산동아 98쪽
	12	최영	사회과 탐구 5-1 3.유교 전통이 자리 잡은 조선 76쪽, 중학교 역사(상) Ⅴ.고려 사회의 변천, 대교 167쪽
	13	정약용	초등학교 도덕 4 1.최선을 다하는 생활 17쪽, 국어 6-1 읽기 6.타당한 근거 122쪽, 중학교 도덕 1 Ⅰ.도덕적 주체로서의 나, 미래엔 52쪽
	14	세종대왕	초등학교 사회과 탐구 5-1 3.유교 전통이 자리 잡은 조선 83쪽, 읽기 6-2 5.언어의 세계 125쪽
	15	황희	초등학교 생활의 길잡이 4-2 3.따스한 손길 행복한 세상 57쪽
	16	성삼문	중학교 역사(상) Ⅵ.조선의 성립과 발전, 미래엔컬처그룹 178쪽
	17	이항복	중학교 도덕 1 Ⅱ.우리·타인과의 관계, 두산동아 97쪽
	18	신채호	초등학교 사회과 탐구 5-2 2.새로운 문물의 수용과 자주독립 67쪽, 중학교 역사(상) Ⅲ.통일 신라와 발해, 대교 80쪽
자유와 인권	19	링컨	초등학교 읽기 4-2 3.서로 다른 의견 49쪽, 도덕 5 2.감정, 내 안에 친구 41쪽
	20	간디	초등학교 도덕 6 4. 서로 배려하고 봉사하며 79쪽, 중학교 국어 1-2 4.체험과 깨달음, 디딤돌 125쪽, 도덕 2 Ⅲ.사회·국가·지구 공동체와의 관계, 두산동아 177쪽
	21	전봉준	초등학교 사회과 탐구 5-2 2.새로운 문물의 수용과 자주독립 43쪽
	22	안중근	초등학교 도덕 6 6.용기, 내 안의 위대한 힘 120쪽, 사회과 탐구 5-2 2.새로운 문물의 수용과 자주독립 37쪽
	23	마틴 루터 킹	초등학교 사회 6-2 1.우리나라의 민주 정치 41쪽, 듣기·말하기·쓰기 6-2 6.생각과 논리 122쪽, 중학교 도덕 2 Ⅲ.사회·국가·지구 공동체와의 관계, 두산동아 176쪽
	24	만델라	초등학교 생활의 길잡이 6 6.용기, 내 안의 위대한 힘 99쪽, 중학교 도덕 2 Ⅰ.일과 배움, 디딤돌 56쪽
	25	김구	초등학교 도덕 3 8.자랑스러운 대한민국 209쪽, 사회과 탐구 5-2 2.새로운 문물의 수용과 자주독립 37쪽,
	26	유관순	초등학교 도덕 3-1 5.나라를 사랑하는 마음 99쪽, 읽기 5-1 8.함께하는 세상 170쪽, 사회과 탐구 5-2 2.새로운 문물의 수용과 자주독립 37쪽
	27	안창호	초등학교 도덕 6 2.책임을 다하는 삶 45쪽, 사회과 탐구 5-2 2.새로운 문물의 수용과 자주독립 37쪽, 읽기 6-2 3.문제와 해결 78쪽
예술과 창조	28	신사임당	중학교 역사(상) Ⅵ.조선의 성립과 발전, 대교 197쪽
	29	김홍도	초등학교 읽기 4-2 2.하나씩 배우며 32쪽, 중학교 역사(상) Ⅵ.조선의 성립과 발전, 대교 199쪽
	30	이중섭	초등학교 듣기·말하기·쓰기 6-2 1.문학과 삶 14쪽
	31	레오나르도 다 빈치	중학교 역사(상) Ⅷ.다양한 문화권의 형성, 대교 279쪽
	32	모차르트	초등학교 음악 6 1.나가자! 달리자!, 금성출판사 13쪽, 중학교 음악 1 5.자연을 노래하는 우리, 금성출판사 74쪽
	33	베토벤	중학교 도덕 2 Ⅳ.문화와 도덕, 미래엔컬처그룹 265쪽, 도덕 3 Ⅳ. 삶과 종교, 두산동아 183쪽, 천재교육 198쪽
	34	슈베르트	중학교 음악 1 6.서정을 노래하는 우리, 금성출판사 88쪽
	35	안데르센	초등학교 듣기·말하기·쓰기 6-1 국어 교실 함께 가꾸기 146쪽
	36	셰익스피어	고등학교 문학(상) Ⅱ. 문학의 수용, 미래엔컬처그룹 92쪽, 문학(하) Ⅹ.한국 문학과 문화, 교학사 307쪽
	37	톨스토이	초등학교 읽기 4-2 4.이럴 때는 이렇게 74쪽, 읽기 5-2 6.깊은 생각 바른 판단 158쪽, 중학교 도덕 3 Ⅰ.삶의 목적, 중앙교육진흥연구소 42쪽
	38	스필버그	고등학교 문학(상) Ⅴ.극문학의 수용과 창작, 태성 310쪽